Dear Readers
I am Masaharu, the editor of this booklet
Thank you very much for picking up this booklet.
This booklet is a guidebook for Tex-Mex Music written in Japanese.

The content consists of interviews with three people and an introduction to one CD.

First, Interview with Mr. Isao Hashimoto, a Japanese Bajo sexto player. The title is "From Ashikaga to San Antonio". Isao is from Ashikaga, Japan. In 1996, he attended the Conjunto Festival in San Antonio and learned how to play Bajo sexto.

The second interview is Mr.Kiyoshi Akasaka. The title is "A Conjunto born in Ashikaga" Kiyoshi and Isao are old friends in Ashikaga. Kiyoshi has been a rock and jazz player since the 1970s and eventually started playing the button accordion.

The third and fourth interview is Mr. Honorio Imamura. The title is "From Amagasaki to San Antonio" and "From San Antonio to Amagasaki". He is Born in Amagasaki, Japan. He played twice in 1997 and 1998 at San Antonio Tx as a member of Los Gatos, and has performed throughout Texas. After the dissolution of Los Gatos, he formed Conjunt J with Kenji Katsube, and he continues to perform in Texas and Japan.

Finally, as a reference for these interviews, I introduced the CD album, Tejano Roots.

We hope you enjoy reading this booklet.
Thank you !

1/2/2021

Masaharu Hase

はしがき

テックスメックスという言葉はアメリカでは一九世紀から鉄道の名称などに散見されており、近年ではメキシコ料理と近縁の、テキサスで独自に発展した郷土料理がテックスメックスと呼ばれています。

またテックスメックスは鉄道や料理以外にも使われていました。

例えばテキサス州ルボック出身のバディ・ホリーが一九五〇年代に数々の名曲を世に出し、彼や、彼の後進たちが作ったロックンロールのことをテックスメックスと呼んでいたように思います。しかしこの言葉がひろく知られるようになったのには、もう少し若い世代の、一九六〇年代に登場し七〇年代以降活躍を続けた二人のアーティスト、テキサス州サンアントニオ出身のダグ・サムとテキサス州サンベニート出身のフレディ・フェンダーに負うところが大きかった。

このブックレット『テックスメックスのご案内』は、かつてダグ・サムやフレディ・フェンダーたちが取り上げたテキサスのメキシコ系音楽であるテックスメックスの中でコンフント（Conjunto）と呼ばれる音楽に焦点を当てて紹介を試みました。

コンフントは、ベース、ドラムス、それにバホセクストと呼ばれるギターに似た、一八六〇年代にスペインからメキシコにもたらされたとされる12弦の弦楽器（バホキントという10弦を使用することもある）と、主に3列のダイアトニック（ボタン）アコーディオンを標準的な編成とするグループのことを指します。

『テックスメックスのご案内』は、実際にテキサス、サンアントニオにたびたび訪れ、現地のコンフントの演奏家たちと交流し、実際にステージにも立ったオノリオさんと橋本さん、そして彼らの音楽仲間で長い間ダイアトニックアコーディオンの演奏を続けてきた赤坂さんという三名へのインタビューを中心に構成されています。

○サンアントニオから足利へ　テキサスと日本（その一）

Interview with Isao Hashimoto

○足利で生まれたコンフント

Interview with Kiyoshi Akasaka

○尼崎からサンアントニオへ　テキサスと日本（その二）

Interview with Honorio Imamura

○サンアントニオから尼崎へ　テキサスと日本（その三）

Interview with Honorio Imamura

○テハーノ・ルーツ（アルバム紹介）

Introduce the CD album, Tejano Roots.

このブックレットでは、コンフントの成り立ちや今日的な状況、それに実体験などが語られていますが、同時に日本におけるコンフント受容の生きた証言集ともなっております。

このブックレットをお読みいただいて、少しでもテックスメックスに興味をお持ちいただければ幸いです。

二〇二一年一月

長谷雅春

サンアントニオから足利へ
テキサスと日本（その一）

二〇一九年四月十二日、栃木県足利市にて

語り手・橋本伊佐男、聞き手・長谷雅春

二〇一九年四月一二日、栃木県足利市の喫茶店にて、ロス・ペリキートス、ロス・レハノス・デ・ハポンなどで活躍されている橋本伊佐男さんにインタビューをさせていただきました。

インタビューの前にその背景を少し記しておこうと思います。

テキサス州西部に位置し（三十七ページの地図を参照）、今日約一五〇万の人口を擁し、その五〇％以上がヒスパニックという人口構成、金融、商業、軍事都市であるとともに古くからレコーディングが盛んだった音楽都市、サンアントニオでは、第二次世界大戦以前から、北部資本のbrunswick、vocalion、bluebirdなどの音楽レーベルが進出し、ホテルの一室などをスタジオとして利用し、積極的に録音を行った。戦後北部資本のレーベルは撤退したが、テキサス各地で地元資本の独立レーベルが新たに台頭。Ideal, Corona, Bego, Alto,Falcon, DLBから、Joey, Dina, Freddie, Haciendaに至るまで、様々なレーベルが活動し、音楽の種類もコンフント、カンシオン、オルケスタからロックンロールにいたるまで多岐に渡った。こうした音楽産業にとって、サンアントニオという都市が中核的な役割を果たしたのは想像に難くありません。多くのレコードレーベルがサンアントニオにあったし、音楽家の多くもサンアントニオに在住していました。

そんな音楽の街サンアントニオで一九八二年以来毎年五月に開催されているのがコンフントフェスティバルです。

わたしがこのフェスを知ったのはたまたま一九八六年五月、サンアントニオに四日ほど滞在し、新聞などを通して情報をゲットしたからですが、その時は運悪くフェスには行けずじまいでした。同年六月くらいに日本に戻り、友人たちにこのことを報告し、翌年一九八七年五月にはクランの平野さんはじめ知り合いの日本人数名が第六回コンフントフェスに参加。以後テキサスのコンフント音楽が日本にも紹介されるようになります。

ここではコンフントフェス経験者でもあり、しかもライブステージにも上がったことがある橋本さんに、サンアントニオのことやコンフント音楽について語ってもらうことにしました。なおこのインタビューはその後facebookのグループ「トロピカル通信2.0」に掲載させていただき、本冊子掲載に当たって再構成させていただきました。

バホセクストを演奏する橋本伊佐男氏

●コンフントへの関心、音楽仲間との交流

長谷　橋本さんに初めてお会いしたのは、多分数年前に池袋西口にある音楽バー、フリーフローランチ。ロス・ペリキートスのバホセクスト奏者としてでしたね。

まず、バホセクストとの出会いについて語ってください。

橋本　バホセクストに興味を持ったのはフラコ・ヒメネスと一緒に演奏しているオスカー・テレスの演奏を聴いてからですね。当時自分の周りにバホセクストを保有している人も、演奏する人もいなくて、どんな楽器だろう、チューニングはどうなっているんだろう、ギターとどう違うんだろう、と興味が募って結局現地で現物を見てみようということで、コンフントフェスティバル見物も兼ねて一〇日ほどサンアントニオに行ってきました。一九九六年五月のことです。フェスは夕方からなので、昼間は楽器屋回りをして、ホテルの人に聞いて、アラモミュージックというお店を紹介してもらって、そこに行って。店のダニーさんという方に、バホセクスト探してるんだけどどって聞いたら、店の奥の部屋に連れて行かれて。扉を開けたらそこにギタロンとかレキントギターとかアコーディオンとかがたくさん置いてあって、わけも分からずどれがバホセクストなんだろうと探していたら、ダニーさんが、これがバホセクストだ、と言ってメキシコ製のゲレーロというメーカーのバホセクストを出してくれたんです。すぐに購入しました。当時日本円でだいたい8万円くらいだった。ダニーさんからチューニングのメモをもらって、ホテルに戻ってセットアップしてみたけど、コードもわからないしどう弾いていいかわからない。結局その日の夜、コンフントフェスティバルに行ってステージのバホセクスト奏者とベース奏者の手づかいばかりみて、あのフォームはこのコードなんだ、と手探りで把握して、その後一〇日間、毎晩バホセクストとベースの演奏を観察し続けて、帰国時にダニーさんのお店に寄って壁に飾ってあったバホセクストを見て、弾かしてくれないか?、と言って弾かしてもらったら、ダニーさん、いつのまにそんなに弾けるようになったのか?とびっくりしていました。その後日本に帰ってからバホセクストにピックアップ付けてみたりいろいろやってみたんだけど、周りに同じ楽器を演奏をしている人がいなかったので、自分がどのレベルか、うまいのか下手なのかも分からず。これがバホセクストとの出会いでしたね。

長谷　その後音楽やってて、バホセクストで参加するということはあったんですか。

橋本　いや、自分がやりたくて、二つくらいバンドを作っただけです。バホセクストでほかのバンドに参加することはあり得ませんでしたね。でもじつは一九九六年のコンフントフェスでロス・ガトスに出会っているんです。（ロス・ガトスは関西発のコンフント、オノリオさんのインタビューを参照ください）。会場で知り合ったアメリカ人からロス・ガトスを見にきたのか?と言われ、またある朝、ホテルでラジオから日本語で el gato neglo が流れてきて、あれ俺のスペイン語の理解力も上がったかな、と思って良く聴いてみるとやはり日本語で、ロス・ガトスの演奏でした。彼らはフェスに参加するために来ていたんですね。彼らも日本から観客が来ていると、すでに来場者から伝えられており、ロス・ガトスのメンバーと会場で出会った時には、すぐに意気投合しました。

彼らとは帰国後、その年の八月に再会しました。当時自分が作っていたコンフントのライブを足利で行い、関西からロス・ガトスをお呼びしました。これが多分日本で最初に行われたコンフントフェスティバルだなんて言って盛り上がりました。

長谷　えっ日本で最初にコンフント

フェスが行われたのは足利だったんですか！　今日足利に来てよかった！ロス・ガトスは一九九六年当時はアルバムを出していたんですか？

橋本　出していなかったと思います。カセットテープのアルバムを出していたと思います。アシエンダからアルバム出したのはもっと後ですね（注：実際はカセット＝一九九五年、アシエンダからのＣＤ＝一九九六年、一〇月頃）。

長谷　当時オノリオさん（現在コンフントＪでボタンアコーディオン、ボーカル担当）はメンバーだったんですか？

橋本　いやまだ参加してなかったと思います。当時のメンバーは勝部賢二さんがアコーディオン、スポックさんがドラムス。現在、コンフントＪでバホキントを担当してますね。森巧美さんがベース。大西ユカリと新世界やしゃんしゃん台風、ネーネーズ、河内家菊水丸でベースを弾いていた方です。バホセクストは松井元さん、テナーサックスが永田一郎さんですね。アコーディオンの勝部さんは残念ながら数年後に亡くなりました。

The Japanese band Los Gatos has a cassette out in the America titled "Kenji Katsubi and Los Gatos" on the Big Star independent label. This is their second trip to the festival; they also jammed last year.

Los Gatos return to festival

Veteran police officer indicted on sex charge

1996年5月10日、当地の新聞

　さて、橋本さんは、サンアントニオから帰ってから今日に至るまでどのような経験をしてきたのか。また彼がサンアントニオで得たものはなんだったのか。彼の音楽にかける想いを語っていただきました。

●音楽家たちの活動　足利・池袋・新橋

長谷　その後バホセクストやコンフントとの関わりはいかがでしたか。サンアントニオには何回も行かれたのですか？

橋本　当時足利にはコンフントの音楽をやる仲間がいなくて、以前所属していたバンド仲間とライブを試みていたのですが、メンバーがなかなか定着しなくて、ライブやっても人集まらなくて、自分が目指す音楽を実現することはできませんでしたね。かなり浮いてたと思います。

　当時の足利でのバンド仲間は昔から

付き合いがあるセメントミキサーズのメンバーでしたね。

長谷　イカ天で入賞した、カール・フィンチ（ブレイブコンボ）のプロデュースでアルバム出したセメントミキサーズですね。

橋本　要はセメントミキサーズのメンバーに自分が参加したのが、自分がやった最初のコンフント。フェンデテスタス。当初、鈴木常吉さんが在籍していけどその頃には脱退していましたね。セメントミキサーズはギターの茂木さん、ドラムスが松村さん、ベースが増田さん、それにわたくしのバホセクスト。結局うまくいかず。ライブやってもお客は入らず、メンバーはバラバラになり自然消滅。渋さ知らズの赤坂さんともセッションしたけどうまくいかず、すっかり行き詰まってしまいました。その後ラテンバンドの手伝いをしてキューバ音楽を演奏するなどしたりしてなんとかコンフントからは離れまいと努力したんだけど、なんか違うという感じはいつも付きまとっていましたね。そんなこんなで実質的にバンド活動はできなかったのですが、それから二〇年ぐらい経ってある日、Facebookを通じてサンチャゴ田村さんと知り合い、彼らのバンド、ロス・ペリキートスのライブを見にいって、「なんでバホセクスト持ってこなかったんだ」とかいわれて、次のライブにバホセクスト持っていって、最初はゲ

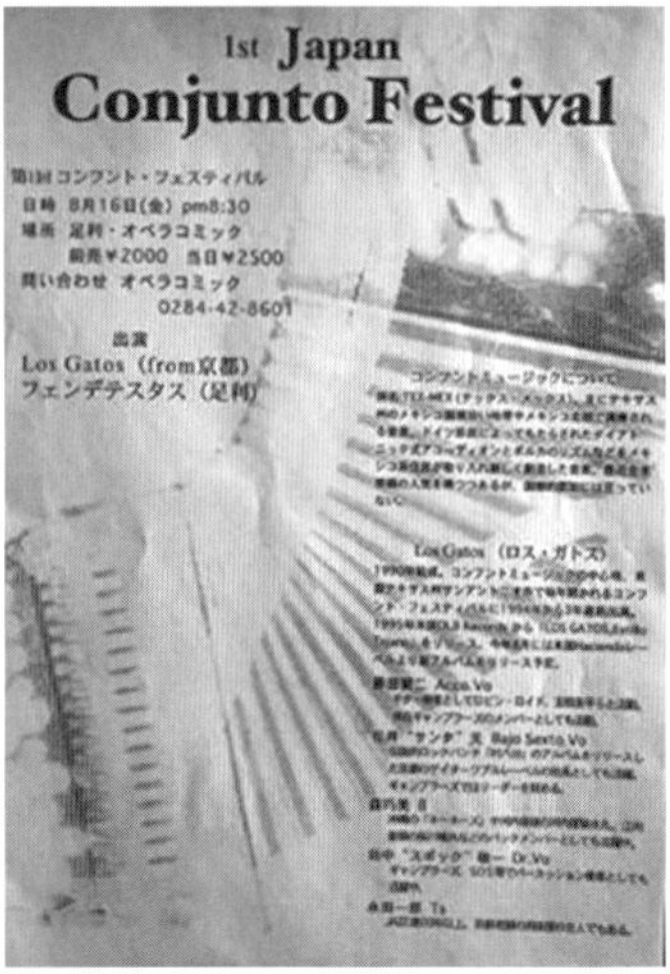

第１回 Japan Conjunto Festival のポスター（1996 年８月 16 日、栃木県足利市）

ロス・ペリキートス。池袋フリーフローランチにて

ストで、その後、正式のメンバーになったのは最近ですね。
　現在（二〇二〇年）のメンバーは、アコーディオンとボーカル：サンチャゴ田村、リードボーカル：小山亜紀、ベース：三上保、ドラムス：田中秀仁、バホセクスト：橋本伊佐男、となります。
　小山亜紀さんは、二〇一八年にコンフントフェスのステージでサンチャゴ・ヒメネスJrと共演してますね。

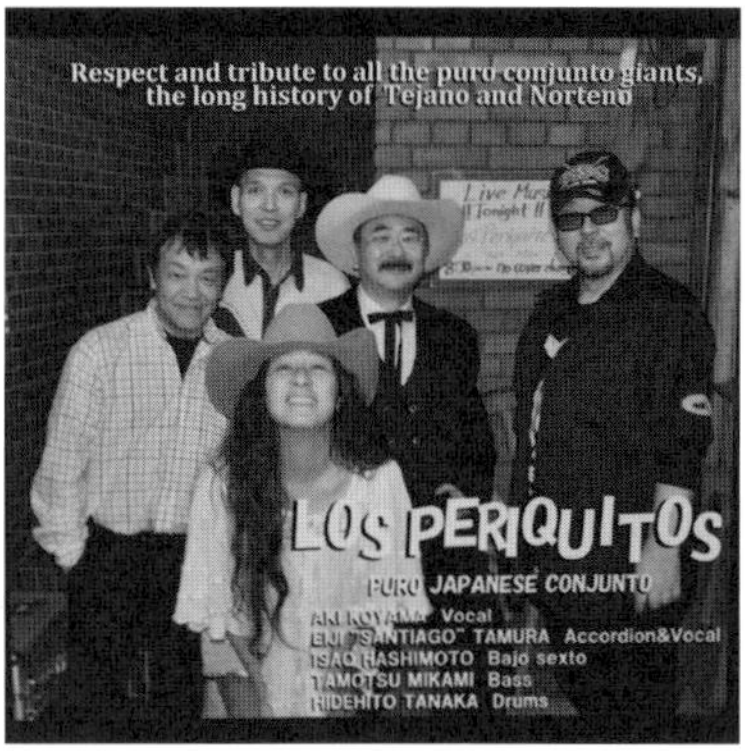

ロス・ペリキートス
1st アルバムのジャケット写真

長谷　田村くんはわりと早くからボタン・アコーディオン弾いてましたね。やはりイカ天（テレビ番組「三宅裕司のいかすバンド天国」1989-1990、TBS系列にて放映）に出て、残念ながら上位には行けなかったけど、当時テレビで見たのを記憶してます。曲はアーフリーで出たフラコのアルバムでライ・クーダーが参加してた曲だったかな。彼はその後色々な音楽変遷を経て、再びアコーディオンに取り組むようになったんですね。わたしが橋本さんと初めてお会いしたのはその頃でしたね。確か池袋のフリーフローランチ。ところでコンフントJとの出会いはどうだったんですか。

橋本　これが面白い話で、ソーシャルネットワークのミクシーを通じて以前からオノリオさんとは知り合いだったんですが、初めてお会いしたのは、二〇一七年、代官山の「晴れたら空に豆まいて（通称、晴れ豆）」。

長谷　テックス仲村さんのライブの時ですね。あれはすごくいいライブでした。

橋本　オノリオさんとはこれが初対面だったんですが、スポックさんは二〇年前の足利のコンフントフェスに来ていました。久しぶりにお会いしたスポックさん、髪の毛はどこにおいてきちゃったんですか、とか言ったりして（笑）

長谷　スポックさんとはバホセクストやバホキントについて、なにか話しましたか？

橋本　スポックさんの保有しているバホキントの由来をお伺いしました。元々はロス・ガトスの方が所有していたんですね。スポックさんはロス・ガトス時代はドラムスを担当なさってい

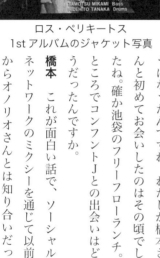

たので、ちょっとびっくりしました。そういえばオノリオさんも元々はベースだったんじゃないかな。スポックさんもオノリオさんも、楽器がやりたい、とかではなくてコンフントがやりたい、という意識がありましたね。自分もそうだけど、コンフントができるなら、グリート（甲高い声を発する掛け声）だけでも参加したい、というような。

長谷　バンドとしての経験を積み重ねることによって、だんだん担当楽器やスタイルが決まってゆく、というイメージですね。さて一九九六年に初めて行ったときと、二〇一〇年代後半の今日では、サンアントニオの様子の変化はどうでしたか？

橋本　一九九六年の時はフェスティバルに来る人はみんな正装。カウボーイハット被って、ウエスタンシャツ着て、お母さんがアイロンでプレスしたようなGパン履いた若者がいました。きちんとした服装が圧倒的に多かったですね。いまはキャップにティーシャツ、首にIDカードぶら下げて、くらいのラフなスタイルでステージに立つ人が圧倒的に多い。去年（二〇一八年）のコンフントフェス、きちんとした服装はコンフントJくらいかも。ところで一九九六年当時、フェスティバルは一〇日間くらい続いて開催されていて、母の日は、お母さんは入場無料で、その結果広場はお弁当を広げるお母さんでいっぱいになってしまい、そこに紛れ込んじゃって、その一人に声かけられて、こっちへ来い。フェス見に来たのか？参加者では誰が好きか？と矢継ぎ早に質問され、ヴァレリオ・ロンゴリア、と答えたら、お前の目の前にいるよ、と。早速紹介されて、ヴァレリオから名刺をいただきました。これは楽器のリペア関係とかそんな感じの名刺でした。当時彼は音楽に関して、色々関わっているみたいでした。

●ヴァレリオ・ロンゴリア、テキサスの音楽

長谷　テキサスのコンフントを確立したひとりでアコーディオンのマエストロでもあるヴァレリオですね。彼くらいになると若者たちへのアコーディオンの教育とか、いろいろ関わってますよね。

橋本　コンフントフェスには、アコーディオンやバホセクストを習っている子供達が発表する枠をとってますね。

長谷　音楽が衰退せずに続いていく上で、教育は重要な要素ですね。なんといってもその音楽の裾野を広げます。

橋本　面白いのは、例えばヴァレリオが指導する時は、練習曲はヴァレリオのレパートリーばかり。サンチャゴ・ヒメネスJr（フラコ・ヒメネスの弟）の時は練習曲は彼のレパートリーばかり。その時の指導者によって練習曲がどんどん変わっていきます。

Valerio と Isao

長谷　そういえばヴァレリオのエピソードで思い出した。これはアルバムのライナーノーツに書いてあったんですが、テキサスにクンビアのリズムをもたらしたのは、このオレ（ヴァレリオ）だ、と。（笑）若い頃彼はシカゴに出稼ぎに行っていて、そこでコロンビアから来た若者と知り合った。仕事が終わった夜、楽器を演奏していて、その若者が教えてくれたそうです。ヴァレリオはそれを録音して、シカゴにいる間に習得して、テキサスに戻ってクンビアのリズムを演奏した。ミュージシャンのインタビューだから、どこまで本当か定かではありませんが。

橋本　ヴァレリオはクンビアの曲をそのままレパートリーとして演奏していましたからね。彼の説がどれくらい信憑性があるかといえば、はっきりしたことは言えませんが、ヴァレリオのその言葉は信じたいですね。

長谷　とにかくテキサスにもクンビアは定着しましたね。

橋本　テハノクンビアですね。

長谷　セレーナなんかもクンビアですね。

橋本　セレーナもそう。テクノクンビアとか呼ばれていた。

長谷　全米的にヒットするにはテクノのようにかなり刺激的なサウンドが必要なんでしょうね。セレーナもバレーの出身でしたっけ。（バレー：テキサス南部、メキシコとの国境付近の地域を示す）

橋本　そうバレー。サウステキサス。テキサスのコンフントは大きく、サンアントニオ、バレー、コーパスクリスティの三つのサウンドに分かれていていると言われていますね。

長谷　二〇〇〇年頃かな。当時インターネットショップでテハーノのアルバム買い漁っていて、女性シンガーなんかも、いわゆるジャケ買いしてたんですが、その中にリンダ・エスコバールのエル・ギャンブラーというアルバムがあって、聴いてみたらビックリ。なかでもロス・ドス・ヒルベルトスをバックに従えた演奏にすっかり圧倒されてしまいました。

橋本　ロス・ドス・ヒルベルトスはバレーのサウンドですね。タメが効いた、ちょっとゆったりとしたサウンド。

長谷　バレーのサウンドには何とも言えないグルーブ感がありますね。

橋本　サンアントニオサウンドは、アップテンポのビートの効いたポルカ。代表的なサウンドが、フラコ・ヒメネスの父、ドン・サンチャゴ・ヒメネスが創始し、フラコや弟のサンチャゴジュニア達が継承していったサウンドですね。

長谷　サンアントニオのサウンドはロックバンド、ロス・ロボスやダグ・サムにも継承されましたね。現在の継承者はロス・テックスマニアックス。お話をお伺いしていて、橋本さんの音楽変遷、体験がわかってきたような気がします。最後に今後の抱負とかどうしても伝えたい想いとかありましたら、お話しください。

橋本　昨年サンアントニオに行って、サンチャゴ・ヒメネスJrとセッションする機会があって、その時、サンチャゴJrから言われたのは、Isao, お前にはずっとバホセクストを弾き続けてもらいたい。実は近年、コンフントはバレーのスタイルが主流になって、バホキントを弾く演奏者が増えて、バホセクストを弾くサンアントニオのスタイルが少なくなりつつあるんだ。サンアントニオのスタイルは俺のパパ達が作ったスタイルだ。お前にはサンアントニオのスタイルを継承してもらいたいんだ。ここに俺の曲が入っているカセットテープがある。これをお前にやるよ。このカセットに入っている曲は著作権もなにも気にしなくていい。俺が書類にサインしておく。レコーディングするなり、ステージで演奏するなり、自由にしなさい。と、ここまで言われてしまいました。（笑）バホセクストのネックに近い方ではなく、ブリッジ近くでリズムを刻む演奏法ですね。これらサンチャゴJrからのメッセージを受け止めて、そしてどう表現できるかが今後の課題ですね。

長谷　本日は長時間に渡って貴重なお話をしてくださり、ありがとうございました。

MEMBER

CATCH!

THE BAND presented by KOKICHI

フェンデテスタス

ハマノ フォトスタジオ

gallery もみの木

足利バレエシアター バレエスクール

柳田メディア

足利の地元雑誌に紹介された
フェンデテスタス。1997 年

岩田園

オレンジショップ

大誠園

Los Gatos（ロス・ガトス）

STAFF募集中

盛京亭

足利市の地元雑誌に紹介された
Los Gatos。1997 年

左から勝部さん、元ブレイブコンボの
バッバ・エルナンデスさんと橋本さん。
1996 年、サンアントニオにて。

橋本さんと Santiago Jimenez, Jr.
2018 年、サンアントニオにて。

足利で生まれたコンフント

二〇二〇年十一月
語り手・赤坂喜代司、聞き手・長谷雅春

二〇二〇年一一月七日夕刻、足利市のメキシカンレストランで赤坂喜代司さん、橋本伊佐男さんと歓談し、その際インタビューも行うはずだったが、ボイスコーダーの調子が悪く、メールを使って、質疑応答に調整を加えて、赤坂さんへのインタビューを試みた。赤坂さんは、橋本さんとともにLos Lejanos de Japonとしてアルバム Polkaism を発表されたところで、アルバム作成やアコーディオンの魅力を中心に語っていただきました。

長谷　まずはじめに、赤坂さんの音楽遍歴や演奏者としての経歴などについて、語れる範囲で語っていただきたいのですが。

赤坂　最初は、ギターですね。親父が懐メロをいつも弾いていて一曲教わったのと、従兄弟がフォークギターでポール・サイモンを弾いていた。それとぼくの5つ上の兄貴がバンドを作ってベースをやっていたので自然とギターを弾き始めました。ブリティッシュロックとかジミヘンとか。中学に上がった頃、兄貴のバンドに混ぜてもらいました。二十歳くらいまでギター中心でした。自分のバンドにいいドラムが見つからないのでドラムを自分で叩いていた時もあります。その流れで地元のフェンデテスタスというバンドではドラマーでした。アコーディオンを始めた後はイサオとコンフントをはじめ解散後渋さ知らズに6～7年参加しました。その後十数年音楽から離れていましたが、二〇一八年にイサオと再会してまた活動を始めました。

長谷　ありがとうございます。では、赤坂さんとアコーディオンとの出会いについて。興味のきっかけはなんだったんですか。

赤坂　アコーディオン自体はトーキング・ヘッズの映画「True Stories」でステバン・ホルダンが弾いているのをみて知ってはいましたが、本当に興味を持ち出したのはコロンビアのクンビアやバジェナートを聞いてからですね。80年代にロックからファンク、アフリカンミュージックからラテンアメリカ、キューバンミュージックへと興味が移っていって、その流れでダイアトニック・アコーディオンって凄くいいなぁと夢中で聴いてました。その後テックスメックスに出会いました。衝撃でした。

長谷　実際に演奏するようになったのはいつ頃からだったのですか？

赤坂　当時セメントミキサーズのリーダーの茂木功さんが、ブレイブコンボとテキサスでレコーディングしてきた後にダイアトニックアコーディオン（ホーナー社のコロナⅡ）を買って持っていたんです。ぼくが遊びに行った時にテックスメックスの話になったら、ニコッとして、面白いものを見せてやるよって。コロナを持ってきてびっくり。弾かせてもらったのがきっかけですね。その後ぼくも買って、アコーディオンを始めました。一九九〇年頃だと思います。一九九二年にはエステバン・ホルダンが来日しています。

長谷　ダイアトニックアコーディオンは結構厄介な楽器で、独学で演奏方法を身につけるのは苦労されたのではと拝察しますが。

赤坂　最初はなんの情報もなく今のようにYouTubeとかの映像もなかったので、Flaco Jimenez の Flacos Amigos を聴いて一生懸命分かる範囲で耳でコピーしてました。ジャバラの押し引きとか指使いとか、恐らくめちゃくちゃだったと思います。そうこうしているうちに、これも茂木さんがサンアントニオのフェスに行ってヴァレリオ・ロンゴリア本人からアコーディオンの教則ビデオを買ってきてそれをダビングさせてもらったんです。このビデオを見て初めてコンフントアコーディオンの弾き方を知ることができたのです。それまではめちゃくちゃでした。その後色々な曲をひとつずつ覚えていきました。

長谷　橋本さんとコンビを組むようになった経緯は？

赤坂　イサオはベーシストでしたね。ファンクバンドをやっていて僕もよく

アルバム、セメントミキサーズのジャケット（1990 年発売）

遊びに行っていたんです。そのうち、イサオがコンフントミュージックをすごく好きになって、その頃アコーディオンを始めていた僕のところによく遊びにくるようになっていたんです。その後イサオはテキサス州サンアントニオのコンフントフェスに行ってLos Gatosと友達になり、現地でバホセクストを買ってきたんですよね。それで僕のうちに今度はバホ持って遊びにきたんです。びっくりしました。なんとバホとアコが揃った。これはもう絶対にやるしかないですよね。

長谷　ほんとに珍しいですね！　すごい出会いです。その頃、こういう音楽を目指すんだとか、何か方針みたいなものはあったんですか？

赤坂　いや特にないですね。それどころか演奏を始めてみたらアコとバホ、ドラムとベース。そしてコンフントミュージックを演奏するのはとても大変な事だと分かったのです。考える余裕なんてなくひたすら好きになった曲を練習して演奏していました。

長谷　現在はいかがですか？

赤坂　最初にイサオとコンフントを始めたすぐに後にいろんな事情があって活動を辞めてしまいました。その後復活するまで22年くらい間が空いているので、音楽に対する考え方もずいぶん変わったと思います。今は良いメロディーと曲の良さをわかりやすくいい状態で人に伝えていきたいというスタンスを基本に演奏を続けています。

長谷　現在使用しているアコーディオンについて。使っている機種をお教えください。また、使ってみて感じたこととか感想をお聞かせください。

赤坂　Roland FR-18 Diatonic, Hohner Corona II 3台です。FR-18はバーチャルミディアコーディオンですが蛇腹や音のニュアンスは本物と変わらないくらいよくシュミレートされた素晴らしい楽器です。現在は製造中止になっていますが、是非再発して欲しいです。

Roland FR-18 Diatonic と赤坂さん

長谷　新橋のアラテツアンダーグラウンドでのLos Lejanos de Japonのライブには、関東近辺さらには関西からもアコーディオンプレイヤーたちが集まってさながらサミットの様相を呈していましたが、皆さんが注目していたのが、このアコーディオンでした。

赤坂　CoronaIIはもういうことありませんね。最高です。リードのチューニングを自分で変えて違う音色にして使っています。

長谷　テックスメックスには欠かせない、定番中の定番ですね。次に、今回発表されたアルバム『Polkaism』について語っていただきたいとおもいます。私は、このアルバムを聞いて、ドラムスとバホセクストのタイトなリズムに乗って、アコーディオンが一音一音はっきりと音を刻んでいるな、という印象を受けました。まずレコーディングまでの経緯について、差し支えない範囲でお教えいただけますか？

オノリオさん、橋本さん、赤坂さん、小泉さん
2019年，新橋にて。ボタン・アコーディオンサミット @aratetsu

赤坂　演奏活動をしていて、そのうちレコーディングしようよなんてふたりでよく話していました。二〇一九年の暮れで、最初は新型コロナが流行る前で二〇二〇年にサンアントニオのコンフントフェスに行くつもりだったから名刺がわりに音源作って向こうで配ってこようって事だったんです。でもコロナが世界的に流行って行けなくなってしまったのでプレスして出そうかってことになりました。軽いデモテープのつもりだったのですが、ふたりで演奏したものに遊びで試しに僕がドラムを重ねてみたらいい感じだったので、イサオはベーシストだからドラムとベースも入れちゃえってことになったんです。

長谷　選曲の基準とかはあったんですか？

赤坂　12曲くらい録音したと思いますが、選曲なんてものではなく、うまく録音できたやつを残していったら偶然6曲になりました。曲に地名に絡んだ曲が多いのも偶然です。

長谷　次にこのアルバムで印象的なリ

Hohner Corona II の古いタイプと
赤坂さん

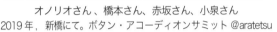

Polkaism　裏ジャケット

Polkaism　ジャケット

ズムについて、組み立てかたなどについて何かお話しいただければと思います。

赤坂　リズム隊はアコとバホを録音した後にイサオがベース、僕がドラムを重ねました。始めにドラムをとって後からアコとバホを重ねてやってはみたんですけど、全然ノリがないので、逆のこの方法に戻って作りました。後から合わせました感が出ないように、バンドでの自然なノリが出るようにするのに大変苦労しました。

長谷　興味深いエピソードです。いろいろ試行錯誤があったんですね。さて、赤坂さんがご担当されたアコーディオンの演奏ですが。正直言ってこのジャンルでよく知られている曲を取り上げたということはすごいことだと思うんですが。いかがでしょうか。

赤坂　よく知られていて、色々な人が何度も演奏している曲は、やっぱり名曲でメロディーが素晴らしいんですよね。よって僕も何度も演奏してきた曲ばかりです

長谷　赤坂さんの演奏はとても丁寧で、先ほども申しましたが、一つ一つの音がよく伝わってくると思います。

赤坂　ありがとうございます。そういっていただくととても嬉しいです。

長谷　アコーディオンの音にリバーブをかけると、メキシコっぽかったり、あるいは古いコンフントのレコードみたいだったりします。

赤坂　今回僕はレコーディングエンジニアも兼ねているのですが、アコーディオンの音はシャリシャリにならないように、そしてリバーブはステレオ幅の狭い、古い感じのリバーブ音にあえてにしています。ドラムスは低音が出過ぎないように。ヴィンテージ感と現代のエレクトロ技術を駆使して、全

体的にはよく録れたなと思います。

長谷　私もそうおもいます。このアルバムに収録されている曲について、何か想いを語っていただければ幸いです。

赤坂

○1曲目　Viva Seguin.　フラコの親父さんの曲で超有名な名曲。皆さん演奏されています。

○2曲目　Monterry Polka.　この曲は昔から好きだったのですが、YouTubeを見ていたらサンアントニオのConjunto Heritageという非営利団体でアコーディオンの先生をしていたLorenzo MartinezさんとRamon Sanchezさんがこの曲を演奏しているのを見てすごく気にいってしまい、そのスタイルでやっています。

○3曲目　Atotonilco.　Tony De La Rosaの演奏があまりにも有名ですね。

○4曲目　La Paloma. 19世紀にスペインのイラディエルが作曲したラテンの古い曲。今でも、ラテン音楽からジャズに到るまで、広く演奏されています。フラコの演奏でよく知られています。

○5曲目　Beer Barrel Polka. 日本でもビヤ樽ポルカとして有名なポルカ。作者はチェコのヤロミール・ヴェイヴォダです。

○6曲目　Viva SanAntonio. 大好きなRuben Velaの名曲です。

長谷　最後に今後の豊富などありましたら語ってください。

赤坂　良い演奏を心がけて良い曲を伝えていきたいです。できる限り僕らも皆さんも楽しんで頂けるように演奏を続けていきたいです。

長谷　本日は、どうもありがとうございました。

赤坂さんのインタビューからはすごく論理的で、音楽の捉え方が明確だなという感じが伝わってきました。手探りで曲の特徴を探り、それに電気的な補助を加えて曲の輪郭を明瞭にする。そんな赤坂さんがアコーディオンを弾き、ドラムスを叩き、橋本さんがバホッセクストとベースを弾いている、足利で生まれたユニークなコンフントのアルバム、『Polkaism』は多くの人に聞いてもらいたいアルバムです。（長谷）

『Polkaism』（税込1500円）の入手について

●ネット通販は、https://pnp.stores.jp

●取扱店は、○サウスウエストパラダイス（足利市　栃木）0284-43-3484、○あしかが逸品堂（足利市　栃木）0284-64-9920
○アラテツアンダーグラウンドラウンジ（新橋　東京）080-7514-2755、○クレオールコーヒースタンド（東長崎　東京）03-6905-9370。○また私個人（赤坂）宛てに連絡くださってもオーケーです。
chakashu@icloud.com

尼崎からテキサスへ

テキサスと日本（その二）

二〇一九年七月二十七日、大阪市天神橋筋　カンティーナ・リマにて

語り手・オノリオ

聞き手・長谷雅春、松原善治、ヒロ

二〇一九年七月二十七日、大阪市天神橋筋　カンティーナ・リマにて、コンフントJのオノリオさんを囲んで音楽談義の会を開きました。目的は、オノリオさんのこれまでのキャリアと、アコーディオンとの関わり、音楽観などについて、facebookのグループ、トロピカル通信2.0への掲載を前提として、語れる範囲で語っていただくことです。

参加者は、当夜の主役、オノリオさん、ゲストとしてケイジャン、クレオールミュージックに詳しいオノリオさんの友人のヒロさん、トロピカル通信2.0から松原さん、それに今回のインタビュアーの長谷の4名です。

●一九七〇年代の音楽状況

長谷　それではこれからオノリオさんへのインタビューを開始させていただきます。まず、音楽遍歴について伺いたいと思います。何歳くらいからバンド活動を始めたんですか？

オノリオ　バンドそのものはね、僕らフォーク世代で吉田拓郎とかコピーして、中二でギター弾き始めて、バンド作ったのが最初です。文化祭に出演したりしてました。その後、高校生になってお決まりにロックに目覚めてグランドファンクレイルロードとか、ディープパープルなんかに目覚めて。

松原　グランドファンク、大阪球場ですね。（笑）

オノリオ　僕は行けなかったんですが、行きはりました？大雨での演奏でしたね。（笑）それと同時期にブルースも聞き出したんですね。そんでブルース・バンドを始めました。中学時代の仲間が集まって、高校はばらばらだったんですが、バンド組んで、活動してました。高校出るくらいには、また別の〝ミッキーマウス〟という神戸のロック・バンドにも加わり、ライブ

をしてたのですが、高校3年の春くらいに、当時神戸で活動していたアイドルワイルド・サウスの松浦さんが僕らのステージを見ていたらしいんです。その後、松浦さんから、来いや、と声をかけられ、高校出る直前の6月頃から卒業のころまでアイドルワイルド・サウスに参加してました。担当は、ギター。その夏、金沢の夕焼け祭りや8.8

1975年8.8ロックデイ

ロックデイなんかに参加しました。高校卒業した時、就職せなあかんということで、アイドルワイルド・サウスは辞めました。

長谷　アイドルワイルド・サウスのレコーディングには参加したんですか？

オノリオ　レコーディングは高校卒業してからだったんですが、参加し

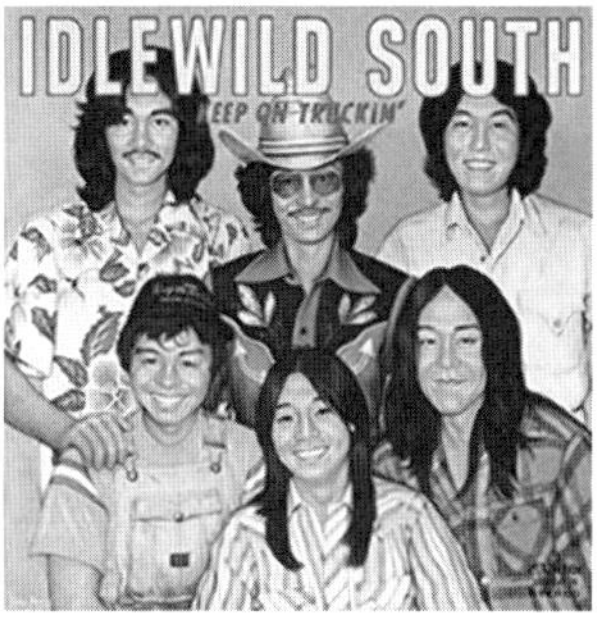

アイドルワイルド・サウス
1st アルバム "Keep on Truckin"

ました。けどあとで「あのトラック、ボツになったから」と連絡がきまして。アルバムには使われませんでしたね。ただ発売されたアルバムの裏に、Our Thanksとして名前を乗せていただきました。七、八年くらい前にCDで再発されたときも、「名前だけは載しとったで」って連絡がきました。アイドルワイルド・サウスは、クリエーションとかフラワー・トラベリン・バンドを第一世代とすると第二世代にあたりますね。めんたんぴん とかセンチメンタル・シティ・ロマンスなんかと同じ。

長谷　その後ソー・バッド・レビューとか、ブルースや黒人系のバンドが関西では増えてきますね。

オノリオ　そう、松浦さんは上田正樹さんたちとの中にいてはったし。

長谷　オノリオさん、高校卒業して、アイドルワイルド・サウスやめて、バ

ンド活動はどうなっちゃったんですか。

オノリオ　高校卒業して、就職してからもサザンロックのバンドはやってました。ただ、23歳で結婚してからはバンドはやってなかったけど、音楽は聴き続けていました。当時、今まで聞いていたロックが様式化されたようになって。

松原　ポップ化ですね。

オノリオ　そう、ポップ化ですね。一方に78年くらいにパンクロックが出てきて、破壊的な音楽で、一方では商業化・様式化が進んでしまい、当時ロック音楽に失望して、なんや嘘っぱちや思うて、演奏からは遠ざかっていたんですが、聴く方では、一九八〇年代に掛かるか掛からないかというころからワールドミュージックが出てきて、かなり聴きました。

●ワールドミュージックからテックスメックスへ

松原　どんな音楽がお好みでしたか？

オノリオ　サリフ・ケイタ、マハラティーニとか、アラブ音楽も聴きましたね。特にアジアの音楽がすきで、インドネシアのダンドゥットとか、今でもよく聴きますね。ヌスラト・ファテー・アリー・ハーンとか、デティ・クルニアとか。今日も梅田阪急百貨店のアジアンフェアに行ってきまして、モーラムといってタイの音楽ですが、日本のemレコード（南大阪を拠点とするレーベル）から出ていて、そのCD買ってきました。そんな感じで、演奏はしてなかったんですが、音楽は聴き続けていましたね。

松原　そのころ「トロピカル通信」でもアジアの音楽、取り上げていました。デティ・クルニアとかエルフィ・スカエシとか。現地に行って彼女たちのカセットを購入してくるファンもいましたね。当時ワールドミュージックを紹介する番組も結構ありましたね。

オノリオ　当時FM NHKで世界の民族音楽という番組があって、聞いてましたね。一九八四年ころでしたか。

ヒロ　それは単発の番組だったんですか？　それとも継続的？

オノリオ　そう、継続的です。最初週一回だったのかな。その後、15分くらいの放送を毎日やるようになりましたね。エアチェックなんかもしてました。

長谷　小泉文夫さんが参加してた番組ですね。

オノリオ　そうです。あと濱田滋郎さんとか、江波戸昭さんとか出てはりましたね。

長谷　ワールドミュージックブームよりもちょっと前の時代ですね。

オノリオ　ラジオから勉強させていただきました。

松原　テックスメックスまでには、まだまだ開きがありますね。

オノリオ　ひとつには、ライ・クーダーはすでに聞いてましたね。だからフラコ・ヒメネスは聞いてました。アコーディオンに興味をもった直接のきっかけは、イギリスのグローブスタイルという会社から出ていた世界のアコーディオンを特集したシリーズものからです。バジェナートやジュジュとともに、その中にコンフントもあったんかな。そうして意識しはじめたんですね。僕はそもそも減衰しない（音が持続的に伸びる）音が好きで、オルガンとかスチール・ギターとか、もちろんアコーディオンとか。そうこうしているときに、たしか一九九六年、大阪で『御堂筋パレード』というのがあったんです。いまでもやっているんですかね。で、ニューオリンズからワイルド・マグノリアスが来日してフロートの募集してはったんです。それに応募して、パレードに参加したら、たまたまそこに当時ロス・ガトスでアコーディオンを弾いていた勝部賢二がいて、テンガロンハットかぶって、アイパッチしてて、「スティーブ・ジョーダンと同じかっこやね」と声をかけたら、「スティーブ・ジョーダン先生をご存じなんですか？」と来ました。これが、ロス・ガトスの勝部賢二との出会いです。

長谷　そのころ勝部さんはすでにバンド活動してたんですか？

オノリオ　すでにロス・ガトスで活動してて、サンアントニオのコンフント・フェスティバルにも出演してはりました。二枚目のアルバムをＣＤでたぶん出した年で、テキサスのレーベルから出していて、テキサスでは、当時すでにすごく人気があったんです。ロス・ガトスは。で、一九九七年のサンアントニオのコンフント・フェスティバルに出演することになってたんですが、そのころ、たまたまロス・ガトスのベースが抜けて、ベース担当で誘われました。「ちょっとどうやねん、行こうや」と誘われてベースを弾かせてもらったのがはじまりです。僕はワールド音楽聴いてて、当時、ブラジルのリオのカーニバル、ニューオリンズのジャズ＆ヘリテッジ・フェスティバル、サンアントニオのコンフント・フェスティバルには死ぬまでに、絶対に見に行こうと思ってたんですが、勝部さんと知り合う前にね。まさかそれに出演している人と出会うとは、思ってもみなくて。

一九九七年の一月頃のことでしたね。

松原　コンフント・フェスは何回目だったんですか。

オノリオ　今年で38回、一九九七年だから16回目ですね。（写真参照）勝部賢二さんがフェスに最初飛び入りで参加したのが一九九四年のことです。翌年からは勝部さんはロス・ガトスとして参加し続けました。

第16回コンフントフェスティバルのポスター
with courtesy of Tejano Conjunto Festival

松原　これが日本ではじめてのコンフント？一つだけですか。

オノリオ　と思いきや、北関東の足利からサンアントニオのフェスに参加した人がいました。前回のインタビューの方、橋本さんです（笑）

長谷　つながりますよね（笑）

松原　びっくりしますよね（笑）

ヒロ　時代にしても、あまりにも偶然すぎます（笑）

松原　面白いですね。

●リンダ・エスコバールとの出会い

オノリオ　話を戻すと、そういえば、リンダ・エスコバールとの関係からいえば、長谷さんを知ったきっかけはリンダ・エスコバールでしたね？

長谷　わたしがブログでリンダのレビューを書いてたんですね。

オノリオ　なにもんやー、この人、といった具合で。たまたまネットで長谷さんが書かれたリンダの記事を見つけて。おー、日本にもリンダのことを書いた人がいるんか。

長谷　松原さんも夢中になっちゃってね。この前リンダのこと、教えたばかりなのに。

松原　今日も持ってきました、25 Greatest Hits のアルバム。

長谷　私がオノリオさんから二枚購入したベストアルバムのうちの一枚が家にあったので、松原さんにそれをプレゼントしました（笑）

La Revancha（2019）

25Greatest Hits(2009)

オノリオ　ひゃーっ持ってはりますね。（笑）すごいですなあ！

松原　この25 Greatest Hitsを聞いていると、大阪とか神戸の名前が出てきて（笑）最高ですよね。El Corrido de Kenjiとその前に入っている曲ですね。

オノリオ　ライス アンド ビーンズですね（笑）。

ヒロ　Mingo (Sardival)がアコーディオンを弾いていますね。トロピカル通信でリンダを招聘してください（笑）。

オノリオ　ねぇ！今日お渡ししたCD、La Revanchaは最新のやつ。こちらはテハーノ。ポップスですね。コンフントではないんですね。

松原　リンダ・エスコバールの新譜La Revanchaは、Spotifyに全曲ありました。過去のアルバムは見つからなかったんですが。ちょっとびっくりしました。

長谷　話を戻しますが、ロス・ガトスには何年くらいいらっしゃったんですか。

オノリオ　ロス・ガトスは、九七年九八年に演奏させてもろうて、九九年には解散してたんですかね。ロス・ガトスというバンドは九五年頃から五年くらい活動していたと思います。僕は後半二年くらいですね。ただ僕はロス・ガトスの正式メンバーではないんです。リーダーのバホセクストの松井さん、アコーディオンの勝部さん、この2人が正式メンバーで、ドラムのスポック、彼は現在の僕の相棒ですが、と、ベースの僕は、「正式メンバーではないんですよ」と松井さんから言われました。なにくそ、思いました（笑）。テキサスくんだりまで来て正式メンバーちゃいますよって言われて（笑）。

はっきり言われた記憶があります。

ヒロ　ドリームズカムトゥルー方式やね。

オノリオ　そうそう（笑）そんな感じやったんですけど、ロス・ガトスが解散したのが、確か一九九九年のはずなんですが。勝部さんと松井さんとの方向性の違いがはっきりしてきたんです。松井さんと勝部さんが分かれて、僕とスポックが残ったんですが、その時スポックがC型肝炎になり入院して、演奏できる状態ではなくなったんです。たまたま、ロス・ガトスの解散が重なって、そこで、勝部賢二と僕がコンビを組んで一九九九年からコンフントJと名乗って二人で活動を始めました。サンアントニオとかメキシコとの国境、サンベニートあたりをうろうろ回って、勉強がてら演奏させてもらって。

長谷　フレディ・フェンダーの生まれ故郷ですね。

オノリオ　そうそう、あのへんを二年越しで一週間ずつくらい回っていました。まあ、コンフントJの原型がそこにありましたね。

Kenji y Honorio. 1999 年、Ramon Ayala の自宅にて。

長谷　オノリオさんは、その時はバホセクストだったんですか？

オノリオ　そう、バホキントですね。勝部さんがアコーディオンで、僕がバホキントでした。ドラムとベースを演奏するミュージシャンは、各地にたく

Kenji y Honorio,　1999 年。Narciso Martinez Cultural Center にて。

さんいましたから、現地で調達させてもらって。
松原　コンフントJとして演奏されていたんですね。
オノリオ　でもロス・ガトスと勝部賢二のネームバリューはすごくあって、そのころ「ロス・ガトスは解散しましたよ、いまはコンフントJですよ」と言ってポスターにConjunto Jと書かれても、どこに行ってもLos Gatosと言われてました。それが一九九九年から二〇〇〇年ごろのことです。
松原　むこうの人からみても、ちゃんとしたコンフントやってるな、と見られていたんでしょうね。ロス・ガトスは、当時、物珍しさで注目されたのではなく名前が通っていたんですね。
オノリオ　そうですね。勝部賢二は二〇〇三年五月一六日にガンで亡くなったんですけどね。日本のコンフント音楽を確立した偉大な男だと思います。勝部さんは、テキサスに根ざした本格的なコンフントがやりたいと思ってて、かたや松井さんはもっとコマーシャルな売れる音楽を目指したい、と。結局ロス・ガトスは解散となったんですね。
長谷　勝部さんとオノリオさんはしばらく2人で活動していたんですね。
オノリオ　そうそう、一九九九年にリンダ・エスコバールと知り合ったんでしたかね。二〇〇〇年にリンダといっしょのステージに立ったかと思います。二〇〇一年、二〇〇二年と続けて行って、二〇〇二年には、勝部さんはテキサスに移住しはったんです。
松原　音楽をやるために？
オノリオ　そうです。はるばる日本から単身テキサスに渡り、リンダ&ケンジというユニットを作って、そのケンジが二〇〇三年に亡くなって、リンダがケンジのコリード（物語）、EL Corrido de Kenjiを作ったわけです。
松原　ケンジは、あのEl Corrido de Kenjiのケンジですね。
オノリオ　そうです。El Corrido de Kenjiのケンジですね。ドラマチックで、しかもねえ話が長くなって申し訳ないんですが、恐ろしい話があるんですよ（笑）
長谷　どうぞ、どうぞ（笑）
オノリオ　リンダのお父さん、エリヒオはコンフント（バンド）は持ってなかったんですが、テハスの名シンガー、スターでした。そのお父さんのエリヒオは一九九四年に亡くなったんですが、リンダは幼いころからお父さんと一緒に活動してたチャイルドスターだったんです。一九九四年、お父さんは娘のリンダに、いつか日本からアコーディオンをかかえた男がやってくるよ、と言うて死んだそうです。別に根拠なくそう言うたんですね。ただ、エリヒオは若い頃日本の基地に来てはって、横田やったかな、関東の基地に駐留したそうで、二〜三年ほどね。日本の思い出はあるんです。お父さんの最後に言ったことが、その関係かどうかはわかりませんが。いずれにしても当時リンダは全然気にかけてなかったんですね。まさかそんなことあるわけがないと思ってはったんですね。まさか、と思うでしょ、普通（笑）それで、一九九九年、勝部さんと僕は、コーパスクリスティからクルマで一時間ほどのところにあるプリモントのマリオズバーでコンフントJのライブすることになって。リンダは、当時、最愛の父を失って傷心の身で音楽活動を止めていたんです。お父さんが死ぬ前に言ったことは、聞き流してはいたんですが、忘れてなくて、ある日、プリモントでのコンフントJのライブのポスターが目にとまり、日本人がアコーディオンを弾いてると知って、もうびっくりしたそうです。お父さんの予言を思い出して、そうしてプリモントのマリオズバーに行って実際に日本人のアコーディオン奏者が自分の目の前で演奏しているのを見てびっくり（一同、笑）。リンダは女友達を大勢引き連れてやってきて、大騒ぎしてはりました。かたや勝部さんは、一九九〇年ごろにはリンダの録音を聴いて気に入っていて、いつかリンダと共演したいなと思っていたんです。勝部さんは演奏しながら、なんや、大騒ぎしとるなァ、と気になっていたんですが、その内、その中にリンダがいると気がついて、ライブ終了後、彼女に声をかけ「一九九〇年頃からあなたのことは知っていました、いつかこの人と共演したいと思っていました」と言ったんです。かたやリンダもお父さんから聞いていたでしょ。恐ろしいでしょ（笑い）。リンダからすればお父さんの予言が的中したし。こうしてリンダはケンジと出会って、音楽活動を再開したんです。それから、勝部さんと僕は、年一回日本からテキサスに行って、リンダとの共演を続けていたんですが、二〇〇二年には、勝部さんは毎年テキサスに行くのがまどろっこしくなってとうとうテキサスに移住してしまいます。

ヒロ　当時勝部さんは、サンアントニオではなくて、なぜエルパソに住みはったんですか?

オノリオ　勝部さんは英語力も堪能で、読む方も書く方も十分現地で通用したんですが、当初サンアントニオでの仕事はなかなか見つからなかったんですね。そしたらエルパソで日本の三菱電機の関係ですかね、仕事が見つかって。それでエルパソに住んで音楽活動を開始しました。テキサスでは、リンダ＆ケンジとして活動していったんですが、残念ながら二〇〇三年、勝部さんはガンで亡くなったんです。

松原　そこからリンダさんはEl Corrido de Kenjiを作られたんですね。

オノリオ　勝部さんが亡くなった年（ちょうど同じ月頃）にリンダは再デビューアルバム“DEJENME VIVIR MI VIDA”を発表しています。El Corrido de Kenjiはその再デビュー二作目の“LLORANDO EN CILENCIO”に収録されています。僕自身のことで言うと、勝部賢二のファクターはかなり大きかったですね。勝部賢二は偉大な男で、日本人コンフントを作ったパイオニアだと思います。彼と出会った当時僕はロックに失望して、ワールドミュージックばっかり聴いていて、演奏からは遠ざかっていたんですが、勝部さんに声をかけられたことによってリスタートし、演奏活動を再開しました。ちょうどリンダの場合と同じように。そのころ、イサオ橋本さんは足利でコンフントバンド作って活動をされていましたが（笑）

松原　不思議な縁ですね。

●日本でのコンフントJ

長谷　勝部さんが亡くなられたあと、今のコンフントJのスタイルが確立されたのはいつ頃だったんですか？

オノリオ　二〇〇三年に勝部さんが亡くなって、何としても日本人コンフントの灯火を絶やしたくない、という思いは強かったですね。そのころには、スポックもC型肝炎が治癒してたんで、声をかけたら、やりましょか、ということで二〇〇五年にはメンバーを集め練習を始め、人前で演奏できるようになったのは二〇〇六年頃、その頃からライブ活動をするようになりました。二〇〇六年には現日本コンフント協会

オノリオ（コンフントJ），中林（ザディコ・キックス）
リトルテキサスにて。

第 7 回（2013 年）

第 4 回（2010）

第 1 回（2006 年）

第 8 回（2014 年）

第 5 回（2011 年）

第 2 回（2007 年）

第 9 回（2015 年）

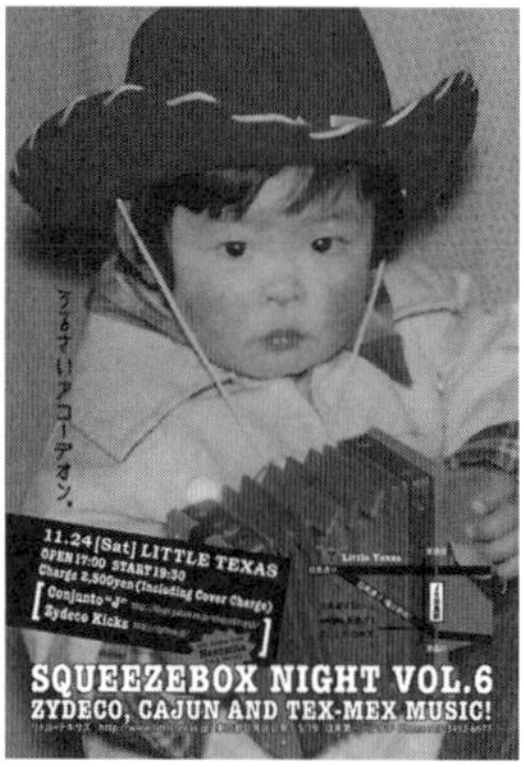

第 6 回（2012 年）

第 3 回（2008 年）

Squeezebox Night (2006-2015) のフライヤー（資料提供：ザディコキックスの西田琢さんより）

会長のヒロさんと知り合ったんです。

ヒロ　いやもうちょっと前かもしれませんね。当時、姫路に、プロフェッサー・ロングヘア大好き女というかたがいてはって、その人を中心としたニューオリンズ音楽のライブイベントがあったんですが、そこにオノリオとスポックも参加しました。その時キックス（ザディコ・キックス）も呼んで、参加してもらいましたね。

オノリオ　勝部さんが亡くなったのが二〇〇三年だったから、多分二〇〇五年やったと思います。僕もスポックも出る予定なかったんですが、楽器もっていって殴り込みかけて、そのイベントのクラブの通路で二人で演奏したんです。（笑）それからザディコ・キックスの西やん（西田さん）に世話してもらって、二〇〇六年だったか横浜のオレンジ・カウンティーで、今のコンフントJのメンバー四人で演奏させてもらいました。

長谷　オレンジ・カウンティ・ブラザースの飯田雄一さんのお店ですね。

オノリオ　そう。それから翌年二〇〇七年には同じオレンジ・カウンティ・ブラザースのギターを担当していた中尾淳一さんの神奈川県、南林間のお店で演奏させていただきました。

長谷　そうするとスクイーズボックスナイトが始まったのはいつだったんですか？

オノリオ　スクイーズボックスナイトが始まったのは二〇〇六年のオレンジカウンティーからやったかな。

長谷　じゃコンフントJの活動開始からすぐの時期だったんですね。

松原　日本コンフント協会はどのような活動をしていたんですか？

ヒロ　日本コンフント協会会長と言われても全然ノータッチやし、名前だけそうされています。とにかくライブの集客の活動はしてましたね。

長谷　日本コンフント協会はミクシーを中心に活動していましたね。ＳＮＳはもともとライブの集客を目的とするところがありますよね。

松原　大阪では、会場はどちらでしたか？

オノリオ　ハウリンバーですね。塚本の。スクイーズボックスナイトはこれまで大阪東京と一年おきに交互にやってきたんですが、ザディコ・キックスのメンバーに家族が増えたり、お子さんがだんだん大きくなって学校に行くようになったりで、8回目か9回目までやって、大阪-東京の相互開催がだんだん難しくなってきたんですね。それで現在は、一時休止中です。

長谷　スクイーズ・ボックス・ナイト

は、大阪と東京と交互にやる、ということで始まったんですよね。僕が記憶にあるのは、渋谷のテラプレイン、赤坂のクロウフィッシュ、それからコンフントJ単独で、三鷹バイユーゲイト、目黒のリトルテキサスで二回くらいあったかな。

テックス仲村とコンフントＪの共演＠晴れたら空に豆まいて

ヒロ　渋谷のテラプレインは南林間のライブの次の日やったかな。

オノリオ　確かそうですね。

長谷　スクイーズボックスナイトとは別に代官山、晴れたら空に豆まいてでテックス仲村さんとのジョイントも二回ありました。

オノリオ　テックス仲村さんは元ウォー（WAR）のプロのミュージシャンで素晴らしい方ですが、僕らコンフントJは物珍しさから長谷さんは見に来てくれはったかな（笑）

長谷　とんでもありません。大受けでした（笑）

松原　長谷さんはいつからお付き合いがあったんですか。

長谷　渋谷のテラプレインから。二〇〇七年ですね。

オノリオ　そうです。長谷さんと初めてお会いしたのは渋谷でした。

●今後の展望

長谷　コンフントJの今後について、お聞かせください。

オノリオ　これからのコンフントJ、いまちょっと色々な関係があって、活動が減ってて、休んでいる状態です。

松原　コンフントJの現在のメンバーは？

オノリオ　オノリオがアコーディオン、スポックがバホキント、パブロがベース、北田太一がドラムスという構成です。それから準レギュラーで川口くんという方がドラムスを担当していて、昨年のサン・アントニオのコンフントフェスでは、一緒にさせてもらってドラムを叩いてくれました。この時のメンバーは、アコーディオン：オノリオ、バホキント：スポック、ベース：イサオ橋本、ドラムス：ホルヘ川口で、純日本人でステージに立つことができましたね。

松原　オノリオさんと橋本さんの関係が僕はよく理解していないんですが。

長谷　橋本さんはこの前のインタビューでもわかるように足利で活動をしており、ロス・ガトスとの付き合いはありましたね。そのあと現在関東で活動しているロス・ペリキートスっていうバンドに加わって活動していますね。

松原　今年のサンアントニオでは、橋本さんと一緒に出てはりましたね。

オノリオ　行くだけ行こうやゆうて、今年はリンダ・エスコバールが出演する予定になっておりまして、リンダに行くよ、って言うと、「一曲一緒にどう？」とリンダが言ってくれて。お土産がわりに一曲やって帰れや、と。ありがたいことですね。

松原　youtubeにありましたね。拝見させていただきました。El Corrido de Kenjiを演奏しましたね。

長谷　橋本さんも今回のサンアントニオ行きは大変だったようですね。体調もよくなくて。

オノリオ　橋本さんは結構ハードやったと思います。

ヒロ　でも言っちゃ失礼ですけど、足利でこんな音楽をやってはった、しかもこの辺とあんまり繋がりがなかったところで進化の形としてとんでもないところが別に動いていたって、イサオさんのインタビュー、どんなんかすごく興味あります。

松原　異なる土地で同時進行で音楽が進行していたんですね。橋本さんのインタビューは、トロピカル通信2.0で公開されています。誰でも自由に見ることができます（笑）。

長谷　足利と、橋本さんについては、この前のインタビュー（本冊子に掲載）を読んでいただければわかると思いますが、それとは別に足利出身のセメントミキサーズのアルバムをブレイブ・コンボのカール・フィンチがプロデュースしたという関係でテキサスとの縁があったんですね。橋本さんは、そのレコードが出た後、セメント・ミキサーズに加入し、そのあと、いまコンビを組んでいるアコーディオン演奏者、赤坂さんとコンビを組んで活動したりしてましたね。赤坂さんはかつては渋さ知らズオーケストラにも参加されていましたね。その赤坂さんが、この前の6月かな、橋本さんが復活し、池袋のフリーフローランチでロス・ペリキートスの復活ライブがあって、ゲストで参加され、一曲アコーディオンを演奏されたんですが、素晴らしかったですね。8月には橋本さんと赤坂さんがコンビでライブされるそうです（二〇一九年八月二五日、新橋アラテツアンダーグラウンドにて。オノリオさんもベースで参加）

オノリオ　赤坂さんについて言いますとね、二〇〇三年に勝部さんが亡くなったとき、勝部さんの願いでもある日本人コンフントの灯火を絶やしてはいけないなと僕は思っていましたから、どうしようかなと考えたんです。で、赤坂さんのことは以前から知ってましたから、新しいメンバーとしてはアコーディオンは赤坂さんがいいなと思い、赤坂さんに声かけようとしたんです。でもその時赤坂さんは病気で現役から引退するということを知って、お誘いするのを断念したんです。その頃スポックも治癒し、体調もよくなってきたので、そこで僕はバホを弾いてたんですけど、アコーディオンにチェンジし、スポックにバホキントを担当してもらうことにしたんです。

松原　それじゃ、ずっと以前からアコーディオンを弾いてはいなかったんですね。

オノリオ　そうです。勝部さんが亡くなってから僕がアコーディオンを弾くことに、スポックがバホを弾くことになったんです。スポックはギターもマスターしていませんでしたから、二人ともいちからのスタートでしたね。

長谷　ありがとうございます。コンフントJの活動については、だいたいこんなところで。次にオノリオさんにアコーディオンについて語っていただこうと思いますが、少し休憩を入れましょう。

補記

関連サイトを記しておきます（長谷）

＊コンフントJの映像はこちらから。
https://www.youtube.com/watch?v=NlRHy4tlivo

＊リンダのお父さん、エリヒオ・エスコバールのバイオ。
https://tshaonline.org/handbook/online/articles/fesaj

＊リンダ・エスコバールのバイオ。
http://www.lindaescobar.com/Bio.html

＊リンダ・エスコバールによる El Corrido de Kenji の映像。
https://www.youtube.com/watch?v=YCqLCk_nrWU

＊ザディコ・キックスの映像。
https://www.youtube.com/watch?v=Zql8xZM-28g

テキサスから尼崎へ

テキサスと日本（その三）

二〇一九年七月二十七日、大阪市天神橋筋　カンティーナ・リマにて

語り手・オノリオ

聞き手・長谷雅春、松原善治、ヒロ、中原雅嗣

オノリオさんを囲む音楽談義のパート2。参加者は、オノリオさん、ヒロさん、松原さん、それにこのパートから中原さんも加わっていただきました。進行は長谷でございます。

●アコーディオンという楽器について

長谷　そういうことで、では第2部に入りまして、これまで第1部ではオノリオさんが体験してきた音楽遍歴、バンド遍歴についてドラマチックに語っていただきまして、大変勉強になりました。さて、オノリオさんがコンフントJでアコーディオンを担当するという時期に入りまして、オノリオさんとアコーディオンの関わりについて話していただこうかなと思います。まずアコーディオンはいつ頃から弾かれていたんですか？

オノリオ　アコーディオンはねえ、先代のアコーディオン弾きの勝部賢二さんが二〇〇三年に亡くなりましたんで、弾き始めたのはそれからですね。二〇〇三年には勝部さんが亡くなってぼくはすぐには弾けませんでしたから、本格的な練習を始めたのは二〇〇五年ぐらいからですね。元々バホセクスト弾きの僕がアコーディオンを始めたのは、日本産のコンフントを絶やしたくないというその思いと、勝部さんの意志を継ぎたいというところからですね。まあその、勝部さんが生きている間は、アコーディオンの弾き方は、目の前でみていましたし、演奏を教えてはもらえなかったんですけどボタンアコーディオンも勝部さんから引き受けた中国製の安価な2列のダイアトニックを持ってましたし。ちょろちょろ演ってましたけど、本格的な練習を始めたのは二〇〇五年からですね。もともとは一九八〇年頃にロックの予定調和的な感じに嫌気がさしてきて、もうわーっとなった時に、さっき

もちょっと話しましたかねえ、元々減衰しない音が好きでね。ペダル・スチールとかオルガンとかアコーディオンの音が好きやったんで、ザディコがやりたくて家にあるピアノアコーディオンで一九九〇年くらいから練習してたんです。でも一向にものにならずで(笑)。勝部さんと知り合ってボタンアコーディオンの世界に入り出して、勝部さんが亡くなってからボタンアコーディオン弾いてみると、わりとすっと入られたんです。ピアノアコーディオンは練習してもダメだったんですが、ボタンアコーディオンはしっくりきたんです。その環境（コンフントの世界）に居たからかもしれませんけどね。

長谷　テキサスを回ってね。

オノリオ　そうそう、周りにコンフントばっかり流れていましたからね。

松原　ボタンアコーディオンの音楽がいつも流れてたんですね。

オノリオ　コンフントアコーディオンの音やメロディが自然に身に入っていたんでしょうね。それで多分違和感なく弾けたんやないかと思います。それから弾き始めて、一年で人前で演奏させてもらうようになりましたね。

長谷　アコーディオンのスタイルは、バンドでこういう風なスタイルをやっていこうという方針に沿ってアコーディオンの演奏スタイルを身につけて行こう、ということだったのですか？

オノリオ　長谷さんがおっしゃるようにテキサスコンフントの中にも色々なスタイルがあるんですね、演奏の仕方の。演奏方法というんかな、サンアントニオなどを中心にされている演奏の仕方の特徴、それからもうすこし下がってコーパスクリスティあたりの演奏の特徴、それからもっと下がってメキシコとの国境近辺のラレードももちろんそうですし、サンベニートとかブラウンズビルとかそういうところのヴァレー地方の演奏の仕方とか地方地方に色々あって、勝部さんの遺志を絶やしたくないという思いもあって、僕は今コーパススタイルというのを目指そうと思って意識してやっているんです。

松原　どの辺ですか。

オノリオ　（地図を見ながら）サンアントニオがこのへんですね、テキサスの真ん中あたり。それからずっとメキシコ湾の方に行くと南東にコーパスクリスティ。コーパスクリスティから西へメキシコとの国境の方に行くとラレード。コーパスクリスティーから南へ行くとブラウンズビルやサン・ベニートがあって、それぞれに独自のスタイルで演奏されています。

このラレード、ブラウンズビル、サン・ベニートなどメキシコ国境のリオ・グランデ・ヴァレー周辺の地域の事を〝ヴァレー地方〟と呼びます。

松原　演奏のスタイルはどのように違うんですか？

オノリオ　難しいですね（笑）まず、ビートでいうとスタッカートがより強いです、僕のやっているコーパス・スタイルは。ツクチャカ、ツクチャカ、タンタンタンとか。もうちょっと北に上ったサンアントニオではタータン、タータン、と前が長い。コーパスは、タンタンタンタンでしょ？ずっと南に下がってメキシコ国境近くに行くと後が長くなる。タンター、タンターという感じ。バックビートが強調される。

松原　後うちですね。

オノリオ　そういう風になるんですね。こんだけ違うんですね、地域によって。で、サルサとかと同じく、コンフントも踊るための音楽ですから皆さん踊りはるんですけどね、踊りのスタイルもやっぱり微妙に違うようですね。あのビート感、音の長さの感じでずーっと踊る感じも違うんですね。

●アコーディオンとダンスの嗜み

松原　基本的にペアダンスですか？

オノリオ　基本ペアダンスです。それがええんですよ。ペアで踊るってのがね、これがなんとも言えず平和でね、ええんですね。（笑）

ヒロ　基本ご夫婦とか。コンフントはご夫婦で。ケイジャン、ザディコは知らんひと同士でも踊りますね。

オノリオ　ご夫婦、恋人。コンフントはね、敦子さん（注：サンアントニオ在住の日本人女性）もそう言うてましたね。実際にそうですね。チカーノってああ見えて、割と保守的なんですね。

松原　キリスト教徒の習慣とか、あるんでしょうね。

オノリオ　メキシカンの年取った人は別にしておいて、若い女性なんかはね、簡単に男性と触れ合いませんしね。だから見知らぬひと同士で踊るということもしませんしね。チカーノはねえ、こう見えて案外保守的なんですね。割ときちっとしてますね。だからと言ってザディコ、ケイジャンがきちっとしていないという事ではないですが(笑)文化の違いということですね。

ヒロ　逆にケイジャン、ザディコは違う人とも踊る文化がありますね。若い娘でも、おじさんが誘ったらちゃんと踊る文化があるんですよね。公の踊りの場で、照れずに女性を誘い、女性もそれをきちんと受けるという文化ですね。

オノリオ　嗜みとしてあるんでしょうね。

長谷　ペアダンスって、白人の音楽でも黒人音楽でも、ある意味アメリカ文化の象徴的なところもあるんでしょうね。ジルバとかスクエアダンスとか。

オノリオ　それがね、最近はコンフントの世界でもクンビア（南米コロンビアのマグダレナ川下流域からカリブ海沿岸地方に端を発する四分の二拍子のリズムおよびその舞曲。一九五〇年代以降、商業化が進む）が幅を利かせてきて、昔から人気あったんですけど、若い女性の中にもひとりで踊ることが増えているんですよ。

松原　そうですよね。クンビアってペアじゃないですよね。ひとりで踊りますよね。基本的にねえ。踊りやすいしね。踊り難しくないじゃないですか。とりあえずリズムに乗っていればいいし。(笑)

長谷　これはずっと昔、ある人から聞いた話しですが、クンビアは結婚式で使われているリズムだって言ってましたね。さて、そろそろアコーディオンに戻りますね。

オノリオさん、アコーディオンを演奏するにあたって、勝部さんの志を受け継ぐのと、それとバンドとしてのスタイルを確立するために、やっぱりお手本はトニー・デ・ラ・ロサですか？

●トニー・デ・ラ・ロサ

オノリオ　いよいよ来ましたね。トニー・デ・ラ・ロサ。（笑）そもそも第一世代とわれているのが、ナルシソ・マルティネス（1911-1992）ていう有名な人と、あとサンティアゴ・ヒメネス・シニア（1913-1984）ていう人（注：フラコ・ヒメネスのお父さん）

ですね。ふたりともだいたい一九三五-一九三六年ごろからレコーディングを開始しました。彼らが第一世代。第二世代あたりはヴァレリオ・ロンゴリア(1924-2000)少々遅れてトニー・デ・ラ・ロサ(1931-2004)、彼らは戦後レコーディングを開始しました(注:ヴァレリオを第二世代、トニーを第三世代とする捉える見方もあるようです)。ヴァレリオのほうがトニーよりちょっと年上なんです。そして第三世代はフラコ・ヒメネス(1939-)、スティーブ・ジョーダン(1939-2010)になります。

トニー・デ・ラ・ロサ
(Hacienda のアルバム "Siempre" のジャケットから)

松原　トニー・デ・ラ・ロサはフラコ・ヒメネスの上の世代なんですね。

オノリオ　上なんですよ。中でもトニーたち第二世代はものすごく革新的なことをするんですよ。第一世代は主にアコーディオンとバホセクストだけ。電気化されていなくて、今でいうアンプラグドというかアコースティックな編成。

松原　ベースは入っていないんですか。

オノリオ　アップライトベースはたまに入るんですけど、電気ベースではありませんでしたね。で第二世代の時にドラムスを入れることになりまして、ドラムを入れて音量が出るので他の楽器も電気化していったんです。ベースをエレキベースにして、バホセクストもピックアップをつけてアンプで鳴らせるようにしたんですね。そんなコンフントのスタイルを作ったのが、トニー・デ・ラ・ロサだったりヴァレリオ・ロンゴリアだったりするんですが、主にはヴァレリオ・ロンゴリアがつくったって言われてますね。電気化することによって大きな会場で演奏することができるようになって、今まではカンティーナとか小さなクラブとかホームパーティーで演奏するとかだったのが、広場とか大きなホールとか公園とかで演奏するようになって、それが大きな革命だったんですね。そういう成り立ちはロックミュージックとも通じてますね。

松原　それは何年代だったんですか。60年代、50年代？

長谷　40年代とか

オノリオ　50年代～70年代とちがいますか。

長谷　彼らトニー・デ・ラ・ロサやヴァレリオ・ロンゴリアたちのレコーディングが始まったのは一九五〇年前後ですね。だいたいね。

松原　それぐらいですか。ロックンロールと同じくくらいですね。エレキベース化もだんだん普及して行ったのでしょうね。

長谷　そのころたくさん生まれたレーベルのひとつにIdealがあって、このレーベルの録音は、アーフリーによって大量にリイシューされました（本冊子テハーノ・ルーツを参照）。リディア・メンドーサをはじめとする当時の有名歌手の録音がたくさん収録されているのですが、それらのバックでトニー・デ・ラ・ロサたちが演奏してたんですね。

オノリオ　その中でもアコーディオンの話に特化するとですね、電気化されていったので、アコーディオンの微妙なニュアンスが伝えやすくなったんですね。単音でフレーズを弾いてもそれが電気化されて増幅されるので、伝えやすくなったんですよ。トニー・デ・ラ・ロサは、さっき言った地域でいうと真ん中のコーパスクリスティー辺りの地域の人で、タッタッタというスタッカートが盛んな地域なんでよりスタッカートの強い、踊れる音楽を作ったんですよ。踊りやすいというかね。それが後の人たちにも影響していったんですね。トニーたちがやったスタイルというのはものすごく驚異的だったでしょうね。

松原　やっぱりロックンロールとも通じるもんがあるんでしょうね。若い人たちに受けるというか。

長谷　当時の若者にフィットするダンスミュージックのスタイル

オノリオ　それを作っていったんでしょうね。それは一つには売れるためやったんですけどね。商売。新しいものをどんどん取り入れていったんでしょうね。

松原　それもあるけど、ロックンロールと同じ時代的な感覚があったんでしょうね。

長谷　当時シングル盤といえばお店でダンス用にラジオやジュークボックスでかけるか、そこで受けないと人気がないとダメだという感じだったんでしょうね。

オノリオ　一般的にはトニー・デ・ラ・ロサはアコーディオンで言うと、

ナルシソ・マルティネスたち第一世代の人たちが使っていたのは右側のボタンが二列になっている二列ボタン（2row）のアコーディオンだったんですが、トニーは三列ボタンのアコーディオン（3row）を弾き出した人といわれています。真偽は定かではないのですがそれもヴァレリオ・ロンゴリアが最初という説もありますね。いまその説を支持している人が多いです。トニーが皆の前で弾き始めた三列の、今僕たちが弾いているのと同じタイプのアコーディオンは蛇腹の押し・引きで音程の違うダイアトニック式といいまして、全音（ドレミファソラシド）しかないんです。シャープとか出ないんです。半音がないんですが、二列の時はそうなんですが、三列にするとクロマチック半音が全部でちゃうんですね、トニーはそれを使って半音のフレーズを使うようになったんですね。それまでとはがらっと変わるようになったんです。微妙な表現ができるようになり、ジャズ的な表現もできるようになったんですね。ディミニッシュ（注：diminish 減音。完全音程または短音階を、半音分狭めた結果生ずる音程。コードとして経過音に使われることが多い）とかね、サスフォー（注：sus4. sus は suspend の略。「吊り上げる」という意味。 3度の音を吊り上げて4度にするというところから来ている。ロックンロールの曲中で、フレーズなどによく使われている）とか。いろんな音域、音列ができるようになったんです。それも良かったようですね。

長谷　やっぱ革命的だったんですね。曲の広がりとか。

オノリオ　そうですね。僕ねえコンフントを本格的に聴きだしたころ、トニー・デ・ラ・ロサを聞いて思ったのは、「他の人たちとは全然違うやん！」という事やったんです。ものすごく革新的なんです。全く新しい。なんて言うていいかわかりませんけど、その時聞いた音源は一九六〇年代、七〇年代の音源ですからね、全然あたらしいことありませんけど、その当時の人たちの音源と並べて聞いてみると、めちゃくちゃ新しかった。「革新的やった」と感じたという事なんです。

松原　初めてロックンロール聞いた人みたいな感じだったんですね。

オノリオ　同時代の人たちもそういう風に感じたんやないでしょうか。

長谷　トニー・デ・ラ・ロサのそういうフレーズというか音を細かく繰り返すサウンドとか、数字のマジックみたいな感じで、誰かやっているようで誰もやっていなかったんじゃないかみたいな感じがありました。微妙にずらして行ってたりして。

松原 やっぱ三列のアコーディオンだからできたというところがあるんでしょか？

オノリオ あの、それあると思いますよ。音の並び方が変わるのもあるし、指のポジションが変わるのもあります。二列だったら指使いが難しいのが、三列だと楽にできたり。

長谷 ギターのコードを押さえるときのハイポジション、ローポジションとちょっと似てますね。

オノリオ と思います。繰り返しのフレーズが楽にできたりしますね。

松原 今までできない表現が可能になったんでしょうね。

長谷 トニーは、作曲とか編曲はどうだったんですか？

オノリオ トニーは作曲はあんまり多くはやってないと思いますが、編曲はもちろんいろいろやってますね。トニーやヴァレリオは映画音楽をうまくアレンジしてましたね。もちろんメキシコ音楽もやってます。メキシコ音楽は三拍子が多いのですが、トニーはポルカにアレンジしていましたね。四分の二拍子にして演奏してました。そうしたアレンジは盛んにやってましたね。

長谷 メキシコの古い曲、アトトニルコやエルシルコなんかもポルカにして演奏してますね。

オノリオ 「アトトニルコ(Atotonilco)」、あれはメキシカンスタンダードと言われていますが、実は作者がいるんです。余談ですが、トニーが演奏してテキサスでも大ヒットしたんですが、作曲者はいるのにテキサスのレコード会社は、作者アンノウンとしたんです。作者不明。きっと印税払いたくなかったんでしょうね。

松原 僕はフラコ・ヒメネスくらいしか知らないんですが、フラコ・ヒメネスはどんな位置付けですか？

オノリオ フラコ・ヒメネスは第三世代ですね。

松原 そんな革新的なことはやっていないんですか？

オノリオ 技術的な革新はわかりませんが、マーケットとしてはフラコ・ヒメネスは革新的なことやってましたね。

松原 そこで広がりができたんですね。

オノリオ よく思うのは、トニーはブルース界で例えればハウリンウルフ、コミュニティーの中で演奏した。フラコはマディウォーターズ。コミュニティーを出て行って白人の聴衆の前でもどんどん演奏した。そういう意味での革新性はものすごくありますね。

松原　それが続いている部分もありますね。そういう人がいないと内輪の音楽になりますからね。

オノリオ　本来はコンフントは内輪の音楽やと思います。サルサやクンビアも同じやと思いますが、マーケットを広げたという意味ではフラコの功績は大きかったと思います。そういう意味ではライ・クーダーの功績でもあったと思いますね。

●大衆音楽、民族音楽のテンポ

長谷　初期のフラコ・ヒメネスの録音がアーフリーから出されているんですけど、後年の、有名な曲を演奏するフラコとは、桁違いに速いですね。あの速さはスティーブ・ジョーダンの速さと共通すると思います。その当時の若者の感覚というか、当時のカミナリ族とでもいうんでしょうか（笑い）。ハイテクニック世代といいますか、フラコが登場したとき、みんなびっくりしたんじゃないかと思います。

Flaco's First!
（フラコ・ヒメネスの初期録音集）

オノリオ　あの、民族系の音楽一般についてなんですが、曲のテンポ感は年月を経るごとに下がって行くと言われていますね。昔の音楽って割とテンポが速いんです。ものすごく速い。で年月を経るごとにだんだんでテンポダウンしていきますね。

　テンポダウンの理由として電気化という説がありますね。電気化することによってサステインがいつまでも残るでしょ。だからテンポを落としても音が残るからテンポを落として行ったという説もあるんですね。

松原　余韻が残るから音を出さなくてもよくなるんですね。

オノリオ　アコースティックの時は、いつでも音を出さないといけないですね。

中原　アフリカはどうですか？

松原　今はちょっとラップとかその系

統だとテンポ上がってますねえ。

中原　ラテン音楽はあまり電気化の影響を受けていないと思うんですね。アフリカ音楽は非常に電気化の影響を受けていますね。電気ギターが入ることによって革新的に変わりましたね。

松原　確かにジュジュなんかはゆったりしていますね。エレキ化する方向に行くにしたがって。今はまた変化しているかもしれませんが。

ヒロ　一九三〇年代くらいのケイジャンは、めっちゃ速いですね。一瞬の間に終わってしまいます。（笑い）

松原　曲も短い。

オノリオ　当時のサウンドシステムが影響してますからね。

中原　もうひとつの意味は、当時はLPがなかったということですね。SPって制約する時間が非常に短かったから。

長谷　ブラジル音楽も初期は速い印象がありますね。

松原　その辺り、すごく興味ありますね。

ヒロ　実際その当時どうやって録音していたか、とても知りたいですね。

オノリオ　ピッチはそんな変わらへんのでね、やっぱりテンポは速かったんでしょうね。

長谷　ラグタイムなんかも速いですね。

松原　結構テクニックあったんでしょうね。

オノリオ　テクニックあったんですね。トニーも若い頃はものすごく速かった。

(後日オノリオ　さんより補足がありました)

「トニー・デ・ラ・ロサの革新的なことは他にも〝曲のテンポ（BPM）を遅くした〟という事があります。トニー自身の演奏スタイルでいうと一九五〇年代の初頭はＢＰＭ＝１３０ぐらいありますがそれが同中頃になると125前後ぐらいになり、一九六〇年に入った頃にはBPM=115~120ぐらいにまで落ちるんです。で一九七〇年代になると108~110ぐらい、もっと進んで最終的には104ぐらいにまで落としてきた。そうすることによって人々の踊りのスタイルも変わり、より踊りやすくなった。ただそのダウンテンポという事に関しては先に話の出た各楽器の「電気化」ということも大きな影響があると思われます。現代コンフントはさらにもっと遅くなり今や100を切り、ＢＰＭ＝９０なんていうバンドもあります。もっともそれ（テンポ感）

にもやはり地域による違いがあり、サンアントニオ・スタイルではまだ早いコンフントも多いですね。といってもBPM＝110～115ぐらいでしょうか。」

松原　この前、飯田義文さんのところで聞いたプエルト・リコやドミニカのアコーディオンの音楽も、ものすごく速かったですね。

オノリオ　だんだんテンポダウンしてきますね。

松原　ラテン音楽は、テンポダウンあんまり影響受けてないかもしれませんね。クンビアはどうでしょうか。違う意味で。

オノリオ　クンビアは、最近のブームがあって、ヨーロッパでテクノ・クンビアの影響力が強くなったでしょ。あれがクンビアを注目させたでしょ?クンビアのブームのおこりのはじめに、そもそも電気が入っていた、ということでしょう。

松原　そうそう、一般化したのが、電気が入って受け入れやすくなったんでしょう。

オノリオ　それもそうなんすが、プリミティブと言ったら怒られますけど、泥臭い、原始的なクンビア、ものすごくええですね。

松原　土着的な、ねえ。

長谷　元々そういう音楽ですからねえ、クンビアは。コロンビアにボタン・アコーディオンが伝播して広まったっていう可能性もあるし、

オノリオ　そうですね。

長谷　ボタンアコーディオンがクンビアの普及に関連しているかもしれませんね。資料とか調べて言ったわけではないのですが。大衆化されたクンビアとアコーディオンの関係は深いと思います。

松原　バジェナートとかは聞かないんですか?

オノリオ　聞きます、聞きます。偉そうに言うわけではありませんが、アコーディオン系の音楽はまあ大体聞きますね。

松原　タンゴはいかがですか?

オノリオ　タンゴも聞きますけどあんまり好きではありませんね（笑）。ちょっとヘッド系が入ってる気がしますね。それよりも身体（からだ）の音楽が好きですね。ミストーンを許してくれる音楽ですね（笑）。リズム重視のアコーディオン音楽が好きですね。

松原　タンゴは、ちょっと外れますね。

長谷　まあ、でもリズムと踊りの意味も時代によって変わってきますからねえ。そこらへんで、リズムの速さが。

オノリオ　影響されるのでしょうね。何かがコントロールしているわけでもないでしょうし。

長谷　クラブのＤＪが盛り上げようとするシステムとか、時代によっていろいろ変わってきますね。

松原　私や長谷さんは、ブリティッシュトラッドを聞くんですが、コンサーティーナとかは、いかがですか。

オノリオ　コンサーティーナの音楽そのものはあんまり聞きませんね。ブリティッシュトラッドも聞きますけど、苦手です。

松原　リズム感は違いますからね。

ヒロ　スコティッシュとアイリッシュとちょっと聞いて違いわかります？

松原　アイリッシュは深いというか、ブリティッシュに比べてちょっと暗いイメージがありますね。

長谷　ちょっとねえ。音楽とリズムと絡めて考えると考え込んでしまいますね。レコードにするとウケ狙いというか踊らせようというか、生の音楽とは違ったものになることもあるだろうし。

松原　トラッドも基本的にはダンスミュージックですよね。トラッドのリズムはどうですか

長谷　ブリティッシュトラッドでは、モリスダンスといって、家々にリズムが伝承されたダンスがありますね。基本的には伝承されたダンス音楽ですが、時代をへて音楽の持つ意味合いも、変わらないものもあるし、社会の変化によって変わったものもあるかもしれません。

松原　あまり時間もなくなってきたんですが。もう6時半ですが。（笑）

長谷　8時まで大丈夫ですね。（笑）

オノリオ　まだ喋りたいこと、たくさんありますよ。（笑）

●インターミッション

これまでに関連したサイトのアドレスを記しておきます。

まずボタンアコーディオンの第一世代から。ナルシソ・マルティネス

https://youtu.be/3JmzfFLjAow

次はフラコ・ヒメネスのお父さん、ドン・サンチャゴ・ヒメネス。有名な曲ですね。

https://youtu.be/4TE-5VO7TjQ

この二人が第一世代の代表的なアコーディオン奏者。次は第二世代から。

トニー・デ・ラ・ロサ

https://youtu.be/6Yarp6Tholc

ヴァレリオ・ロンゴリア

https://youtu.be/2x1ENBuQfMY

そして第三世代、まずフラコから。

お父さんが作った超有名な曲ですね。

https://youtu.be/kHubc4uzfX4

最後はスティーブ・ジョーダン。彼を第3世代でくるに関してはいろいろ意見もあるかもしれませんが年代的にはフラコとほぼ同世代です。

https://youtu.be/Kt7JbI7nZXM

●トニー・デ・ラ・ロサの後継者たち

長谷　では、次はトニー・デ・ラ・ロサの遺産がどのように継承されているかについて、オノリオさんに聞いてみたいと思います。

オノリオ　ひとつね、トニー・デ・ラ・ロサのヒット曲にさっき話題に出たアトトニルコと言う曲があるんですが、これは毎年サン・アントニオでやっているフェスティバルに行くとですね、四日間で一日8〜10バンドくらい出るんですが、どのバンドも必ずその曲（アトトニルコ）をやりますね。トニーのヒット曲というのを意識して。一曲全部やらないにしてもメドレーの中のどっかに必ずアトトニルコを入れてはるんです。それほどスーパーポピュラーな曲なんですが、しかもそれはトニー・デ・ラ・ロサのヒット曲という意識を持ってやっているんです。そりゃもちろんアレンジとか弾き方はバラバラですよ。トニーのやり方ではやってはおりませんが、お客さんもみんな好きなんですね。「さっきのバンドがやっていたのに」なんていうお客さんは誰もおりません。それはラテン音楽はみんなそうやと思いますが、どういうのかなあ、また話はちょっと飛びますが、ワンパターンこそいい、というのがあるんですよね。革新的な音楽はもちろん素晴らしいですけど、お馴染みのワンパターンやからいい、というのもあるんですね。

ヒロ　サンアントニオ・スタイルの二人編成のバンドとかでも演奏しますか？

オノリオ　ヴァレーでもコーパスでもそうですね。どこのスタイルでも必ずやりますね。みんなそれはアトトニルコが、トニーがヒットさせた曲だってゆうのを知っているんですよ。もともとメキシコの曲やゆうのも、みんな知っているんですよ。あえていいませんけどね。それと同じように、演奏者はみんなおんなじようにトニーのフレーズを弾くんですよ。あの特徴的なフレーズを弾いてね。しかもそれは客もみんな知ってますから、そのフレーズに行くと、わーっと盛り上がるわけですよね。全員知っている、そういうのって日本でもあるかなあ。そういう感覚って必ずあると思いますが。

長谷　定番というか国民に愛されている曲というか。

ヒロ　国民まで行かれへんやろ。河内音頭の中でこのフレーズやったらわーっと受けるけれど、テレビに出たからって、受けるというものでもない、という感じやね。

オノリオ　そういうもんですね。でもね、一昨年だったか、宮田さん（Music Camp 主宰者。現在チカーノソウルのアルバムなどを手がけています）にお世話になり、連れてもらってロスアンジェルスに行ったんですよ。そこで演奏した時、ロスアンジェルスの人たちは、フラコは知ってたけど、トニーのことは知りませんでしたね。けれどアトトニルコは知ってはりました。曲名を知っているかどうかはわかりませんでしたが。とにかくテキサスからカリフォルニアに行ってもアトトニルコは知られていましたね。

トニーの左隣にいるサングラスの人はだれ？
Manuel Penña, Múcsica Tejana, page 100 より。

ヒロ　前に映画で見たことがあるんですが、アトトニルコは歌詞がついていましたね。

オノリオ　元々歌詞付きですね。

長谷　メキシコ北部にアトトニルコという地名がいくつかあって、一番有名なのは、大聖堂があるアトトニルコなんですが、多分その土地のことを歌ったんじゃないかなあ。

Angel Flores

オノリオ　アトトニルコという土地がいくつもあるというのは知りませんでした。

長谷　それで思い出があるんです。随分前、一九八六年くらいでしょうか。東京の江古田で、大阪出身で、今サンアントニオに住んでいらっしゃる敦子さんにお会いしたんですが、そのとき唐突に、「長谷さん、アトトニルコの意味、知ってはります？」と言われ言葉に窮したことがありました。当時はまだ知らないことの方が多かったんですね。（笑）

さて、トニー・デ・ラ・ロサに戻ります。彼はサスフォーやディミニッシュなどを入れるとか、革新的にアコーディオンの表現を広げたと言われていますが、例えば彼より若い世代のスティーブ・ジョーダンなんかは、やっぱり影響を受けているんですか？

オノリオ　えーとね、感覚的には直接は影響を受けていないかなと思います。スティーブ・ジョーダンはねえ、もしかしたら別の世界の人かもしれませんね。

松原　スティーブ・ジョーダンはキャラがすごいですね。容貌からして個性的ですよね。

長谷　実は、ここに写真があるんですが、このサングラスをかけたベーシストはスティーブ・ジョーダンみたいなんですが、どうでしょうか。

オノリオ　あっこれはトニー・デ・ラ・ロサのバンドですね。これがトニー、これがアダン、さあ、なんとも言えませんね。どうなんでしょうか？

ヒロ　トニーのフォロアーにはどういう人がおりますか？

オノリオ　まず名前を挙げるとしたら、アンヘル・フローレスやろうね。あと、いっぱい居たはりますよ。ホームタウンボーイズという第四世代のコンフントなんですが、亡くなったアコーディオンのジョー・マルティネスはトニーの音のやり方を分解して、組み立て直して表現しているんですが、パッと聞くとわからないけど、よく聞くと完全にトニーなんですね。

長谷　その辺りがトニーのフォロワーということでしょうか。

ヒロ　いま現在はどうですか。

オノリオ　えっとトルネードというひとがおるんですよ。アルベルト・ソリスという人のコンフントにいるトルネードという人のアコーディオンがモロにトニー・デ・ラ・ロサですね。それ以外にもフォロワーはいっぱいいるんですけどね。ボニ・マウリシオとか。

〝トニー・スタイル〟というほどそのアコーディオンやバンド（コンフント）サウンドに確立されたスタイルがあって、そういう意味ではトニー・デ・ラ・ロサのフォロワーはいっぱいいます。アコーディオンで言うとトニー・デ・ラ・ロサからの影響を受けていないアコ弾きさんなんて皆無と言えるぐらいやないでしょうか（笑）

ヒロ　トニー〝ティグレ〟サエンスって人がいますが、彼はそんな歳？若いんとちゃう？

オノリオ　トニー・サエンスは50歳くらいとちゃいますか？かなり若い時からトニー・デ・ラ・ロサのバンドにおりましたね。

松原　そんなに若いんですか？

ヒロ　ライブやると周りにおばちゃんとか若い娘とかたくさん集まって、キャーキャー騒ぐんですね。

Steve Jordan
（Freddie のベストアルバムのジャケット）

オノリオ　若い女性でも、格好いい若い男性ばかりでなくて、渋い男たちもモテるんです（笑）。

松原　おっさんもてるということですね。（笑）

長谷　トニー・デ・ラ・ロサについて語って頂いたんですが、これからのことについても語って頂きたいんですがこれからアコーディオンに関わる音楽は、変化していくのか、それとも伝統を守っていくのかというのか、どっちですかね。

オノリオ　うーん、難しい質問ですけどね。

長谷　アコーディオンは昔のタイプの楽器で、構造も決まっているから、表現をするにしても、ある程度限界はあるかなという感じもするし、かといって、じゃあ新しいリズムに合わせようとすればどんどん合わせられるし、それこそメレンゲとかアコーディオンが入っているプエルトリコの音楽にしても、飯田義文さんの家で聞かせてもらったんですけど、意外にしぶとく残っているなっていう実感されるんです。

オノリオ　あのスティーブ・ジョーダンなんかは顕著な例として、アコーディオンの音を電気処理して、フェーザーとかエフェクターをかましてやってるんですよ。そういう意味でサウンドを新しくしていて、革新者と言えるし、ボタンアコーディオンのシンセサイザーもできているし、そういう意味でそういう方向性はあると思うんです。ただね、僕が思うに、その例えば、昔の曲をおんなじ編成でいまの若い人たちがそのまんま演ったとしても、そのときにね、やっぱりなんとなく新しいんです、感覚が。でも昔の人たちがそのままやったとしたら、当時は新しかったんですけどいまの僕たちからしたらやはり古いんですね。それをそのまんま若い人たちが演ったらなんとなく新しいんですけどね。だから、それはその人たちの意識が新しい音楽をやろうとしているわけでもないんだけど、普段からいろんな音楽を聴いているし、ロックも聞いているし、ブラックミュージックも聞いているし、それらが多分こなれて出てくるんでしょうね。僕らも同時代にいるから理解できるんでしょうね。

Joel Guzman と　Sarah Fox
（アルバム Latinology の裏ジャケットから）

松原　フラコ・ヒメネスやスティーブ・ジョーダンの次の世代で有名なアコーディオン奏者ってどんな人がいるんですか？

オノリオ　世界的に広く認識されている人はちょっとわかりませんね。フラコみたいにわーっと世界に出て行ってというような人は見当たりません。テキサスですごいと言われているひとはサンティアゴ・ガルサ、ロドニー・ロドリゲス、リッキー・ナランホⅢ世、ラサーロ・ペレス、とか名前を上げれば色々いますが、世界には出ていませんね。世界に出て活躍しているのはまずホエル・グスマン、サラフォックスと一緒に活動していますね。この人はアカデミックな方向に行っています。それからロス・テックスマニアックスのジョッシュ・バカですね。世界のマーケットに進出していますね。最近2～3年、続けて中国に演奏しに行ってますね。

長谷　ホエル・グスマンは、少年時代にリトル・ジョーのバンド、ラ・ファミリアに入って、アコーディオンを演奏したり、バンドのオーケストラアレンジをしたりしてました。天才と言われていましたね。近年は奥さんのサラ・フォックスとアルバムを出したり、ロス・ロボスのメンバーも参加したロス・スーパー・セブンや、テキサスのシンガー&ソングライター、ジョー・エリーなどと共演を果たしています。

ヒロ　ロス・テックスマニアクスはルイジアナのスティーブライリーのケイ

ジャンバンドと一緒にロードアイランドに行ったりしてますね。

オノリオ　だからまあ、そのマーケット的に発展していってるかというと難しい問題で、一部のミュージシャンはより広いマーケットを相手にしていますが、むしろ多くのアコーディオン奏者たちは、地域の中で力強く生きているということかもしれませんね。

松原　イタリアとかヨーロッパからの影響はあるんですか？あの辺からの影響ってあるんですか？

長谷　それと関係あるかわかりませんが、サン・アントニオでインターナショナル・アコーディオン・フェスティバルというイベントが開催され、世界各国からアコーディオンプレイヤーが集まってライブをやってましたね。サンアントニオからはホエル・グスマンが参加し、あとルイジアナ、ブラジル、イタリアなどなどから参加してたと思います。こんな感じですね。

https://youtu.be/fz9Fiq0nKtU

オノリオ　あれ一回か二回やってましたね。まあその極論めいたことなんですが、僕なんか思うのは、別に地域の音楽は地域の音楽でいいんやないかという事なんですよ。で食っていけるかどうかという話もあるんですけど、音楽専業だったら食っていく問題はあるんですが所謂ローカルミュージックってみんな働きながらやっている演奏家が多いですやんか、そのコンフントはエンターテイナーとして楽しむための音楽でもあるんですけど、必要とされる音楽でもあるんです。踊ったり、唄ったりするための道具としての。だからそのローカルの音楽のまんまでその地域だけで生きても何ら問題ないな、と思っているんです。あの、例えば日本の食べ物でも、四国の名産を大阪に通信販売で取り寄せて食べるとしても、ほんとにそうかと僕は、否定派なんです。風土というものがあるんでね。

松原　讃岐うどんは四国で食え、と(笑い)

オノリオ　絶対そうなんですよ。一杯一八〇円のうどんを新幹線、高速道路、飛行機飛ばして食いに行け！と(笑)。風土があるのでね。持ち運びできるもんでもないし、音楽もそうやと僕は思うてるんです。

松原　ワールドミュージックってちょっと異常だったんですね。今から考えると。

オノリオ　そうですね。あれは、あらたな商材を求めてロックから引き継いで行ったんですね。でももっとも我々はその恩恵にあずかってはいるんですけどね。

松原　恩恵は受けているけど、ローカルな音楽は、ローカルの音楽で、ずっと引き継がれているんですね。日本の歌謡曲も、サルサもそうやしね。河内音頭も地域でずっとやってますね。一時的に取り上げられ、盛り上がってもすぐ忘れられますが、サルサにしても河内音頭にしても、コンフントにしても、流行とは関係なく、ずっと自分たちの音楽を演奏し続けているわけです。

ヒロ　めっちゃ上から目線ですけど、コカコーラのドライバーやりながら音楽やり続ける人の音楽はやっぱりそやから絶対面白いですね。（笑）

松原　そうですね。それなりに（笑）

中原　作られた音楽の配信は何でやっているんですか？　ＣＤが出てるんですか。配信とか。

オノリオ　ええＣＤが出てます。主にローカルレーベルですが。

ヒロ　なかなか手に入りませんよね。

オノリオ　現地のレコード屋さんで買うのがベストですね。

松原　今や配信ですか？　テックスメックスは配信とかまだなんですか。

長谷　いや、Hacienda や Freddie などのテキサスの主要ローカルレーベルは、レコード販売のシステムを変えちゃって、ＣＤリリースはまだ行われているとは思いますが、配信中心に移行しつつあるんじゃないかなと思います。私自身が不慣れのせいもあり、配信には不案内なのですが。

松原　リンダ・エスコバールの新譜が Spotify で出てて、聴くことができてびっくりしましたね。

長谷　さて時間も来たので、そろそろ終わりとなりました。この座談は随時トロピカル通信 2.0 に投稿していきます。あとはいろんな形でフォローできればと思っております。

というわけで、オノリオ さん、締めで一言、お願いいたします、

オノリオ　まあ、ぼくは死ぬまでコンフントは続けていきたいと思います。結局それが生活の一部として自分の中にあればいいなあ、またそのようにありたいと思いますので、この生活を続けていきます。個人としてはより多くの皆さんにコンフントを知ってほしいなあ、と思います。何よりペアでダンスをおどるというのをほんとに広めたいな、と願っています。以上。

長谷　オノリオさん、どうもありがとうございます。オノリオさんのご活躍を楽しみにしております。そして今日はみなさん、お忙しい中お集まりくださりありがとうございました。

●橋本さん、赤坂さん、オノリオさんへのインタビューを終えて（長谷）

二〇一九年の春ごろから、「トロピカル通信2.0」に投稿する目的で、テックスメックスに関するインタビューを敢行した。結果バホセクスト奏者橋本さん2回、ボタンアコーディオン奏者オノリオ さん4回の投稿を実現しました。さらに本冊子のために赤坂喜代司さんが紙面インタビューに応じてくださった。橋本さん、赤坂さんのインタヴューからは東京でもなく大阪でもなく、足利という北関東の古都で行われたテックスメックスコンフントのムーブメントが明らかになりました。オノリオさんのインタビューでは、最初七〇年代から八〇年代にかけて、ロックからワールドミュージックムーブメントへの流れが語られ、さらに自らテキサスに赴き（橋本さんも同様だった）、テキサス＝日本間における音楽交流の体験も語ってくださいました。幸運にもケイジャン、サルサ、アフリカ音楽、ブリティッシュトラッドなどを愛好する聞き手も加わり、幅の広い音楽談義ができたのもなによりでした。

インタビューに応じてくださった橋本さん、赤坂さん、オノリオ さん並びに、ヒロさん、松原さん、中原さんにも厚くお礼申し上げます。

最後に参考までに本文に関連した映像のリンクをあげておきます。

まずはトニー・デ・ラ・ロサから。典型的なコンフントスタイルの演奏。
https://youtu.be/dVG-5RljZDo

次はトニースタイルのアコーディオン奏者。アンヘル・フローレス
https://youtu.be/MEUBLWMuCzo

次はスティーブ・ジョーダン。彼は正統派コンフントからはかなり離れたところにいたが、創造性とテクニックは抜きん出いて彼流にコンフントの遺産を継承していたと思う。フラコ・ヒメネスとともにトニー・デ・ラ・ロサの次の世代と言われている。
https://youtu.be/-jj_Nu-k8lo

トニー・サエンス。アコーディオンは未確認です。
https://youtu.be/j1y4QFYMwX4

サンティアゴ・ガルサの映像はこちらをご覧ください。
https://youtu.be/c8ZMhfPyFV8

ロドニー・ロドリゲスのウワパンゴはこちらです。
https://youtu.be/jQV83uRUBNc

リッキー・ナランホⅢ世はこちら

https://youtu.be/xM0QwO_Trhg
ホエル・グスマンと奥さんのサラ・フォックスの演奏です。

https://youtu.be/7WqqnH83mkw
テックスマニアックス。バホセクストのマックスバカがフラコに見出され、やがてテックスマニアックスを結成し、世界に羽ばたいていくというアメリカンドリームの物語を地で行くコンフント。アコーディオンはジョッシュ・バカ。

https://youtu.be/y6-9Cbb6aQ0
トニー・デ・ラ・ロサスタイルのアコルデオニスト、トルネードの演奏（トニ・デ・ラ・ロサの曲をやっています）

アルベルト・ソリス・イ・ロス・レオネス
https://www.youtube.com/watch?v = 0ZGfEgQarGc

テキサス・コンフントのアコーディオン奏者たち

　コンフント・アコーディオンの代表的な演奏者を紹介していこう。

　一九二〇年代後半から三〇年代、レコード産業勃興期にレコード録音をした演奏者には、ペドロ・アイヤーラ、ブルーノ・ヴィヤレールなどがいるが、その中でナルシソ・マルチネス、ドン・サンチャゴ・ヒメネスが、いわゆるコンフントの第一世代と目されている。

ナルシソ・マルティネス（1911-1992）：彼はメキシコ・タマウリパス州にある国境沿いの都市レイノサに生まれ、幼い頃にアメリカに移住。一九二七年、16才の時にプロの音楽家として活動を始めた。一九三五年までに一列（one-row）から二列（two-row）のアコーディオンに機種を変更し、一九三六年、25才ごろにはアメリカＲＣＡ傘下のBluebirdで最初のレコードを録音、以後第二次大戦後に至るまで演奏活動を続けた。彼の流れるようなレガートのアコーディオン奏法は後進に大きな影響を与えた。またバホセクスト奏者サンティアゴ・アルメイダと彼のアコーディオンのコラボレーションはその後のコンフントの規範となった。

ドン・サンチャゴ・ヒメネス（1913-1984）：一九一三年サンアントニオに生まれ、父パトリシオの影響もあり、幼少時よりアコーディオンを演奏するようになった。一九三六年（三七年説もあり）、24才の時にはデッカで最初のレコードを録音、2列のボタンアコーディオンにバホセクスト、それにとトロローチェと呼ばれるコントラバスという編成だった。彼は父から継承したドイツをルーツとするダンス曲をレコーディングし、また彼が作ったダンス曲やコリードやランチェラなどの歌曲は今も演奏されている。そして彼と先述のナルシソ・マルティネスが初期のコンフント編成に大きな影響を与えたのは言うまでもない。

　他に戦前レコーディングをしたアコーディオン奏者では、ジーザス・カシアーノ、ホセ・ロドリゲス、ロロ・カバゾスなどがいる。

　戦後登場したアコーディオンの名手としてヴァレリオ・ロンゴリアとトニー・デ・ラ・ロサの名前が挙げられる。

（61ページに続く）

テハーノ・ルーツ

Arhoolie による Ideal のリイシューについて

長谷雅春

一九九〇年頃から、アメリカのレコード会社　アーフリー（Arhoolie）は一九四〇年代から六〇年くらいにかけて活動としていたテキサスのレーベル、Ideal の音源をテハーノ・ルーツというシリーズとして発売した。

アーフリーの社主（現在は引退）クリス・ストラクウイッツは、すでに一九七〇年代からテキサス・メキシコ国境音楽についてレコードのリイシュー作業を試み、TEXAS-MEXICAN BORDERMUSIC というう膨大なシリーズに結実していた。

その後も彼のテックスメックスへの情熱は衰えることなく、その活動のひとつとして、IDEAL というレコード・レーベルのリイシューを実現した。

IDEAL は第二次世界大戦が終わって間もない一九四六年、テキサス州アリスのアルマンド・マロキンによって作られ、やがてサンベニート出身のパコ・ベタンコートがパートナーとして参加。テキサス州アリス周辺のレストランや酒場に置いてあるジュークボックスのためのアセテート盤の作製から始まり、次第にマーケットエリアを南部テキサスからメキシコに広げ、録音器材やレコード作製の機械を充実させ、主に一九四〇・五〇年代、マクアレンのファルコンなど、ライバルをリードして優れたレコードを出し続けた。

アルマンド・マロキンは戦前よりジュークホックスの仕事に携わり、リアルタイムで流行したレコードをたっぷり聞き込み、テックスメックスの音楽状況に通じていた。また大衆の好みを敏感に察知する商業手腕も発揮し、プロデューサーとして多数の重要なアーティストの録音を成功させた。

パコ・ベタンコートはサンベニートで古くからレコードショップや劇場などを経営し、IDEAL に関しては主に営業を担当。しかしやがてジョン・フィリップス Sr. とコンビを組んでサンベニートに自らのスタジオを作り、独自の活動をするようになった。

アーフリーのクリスがこのレーベルと関わりをもつようになったのは、パコの作ったリオ・グランデ・ミュージックCo. にまだ音源（マスターテープ）が存在し、丁寧に保管されているという情報を聞き、その存在を確認してからだ。そして一九九〇年、ジョン・フィリップスSr.から権利を譲り受け、多くの録音がCDで復活することになった。ジョン・フィリップスSr.の母方の祖父はパコ・ベタンコートの父親の兄弟だった。

　この『テハーノ・ルーツ』はその全貌を紹介するためのガイド的なコンピレーションアルバムであるが、テキサスのコンフント音楽、テハーノ音楽を理解するための入門アルバムでもある。一九九二年、Vivid Soundより国内盤も発売されており、実はわたくしがその時のライナーノートを担当させていただいた。今回Vivid Soundの長野和夫さんよりお許しを得て、掲させていただくことになりました。本件につきまして、長野さんには厚くお礼申し上げます。

テハーノ・ルーツ（アーフリー）
（1992 年 Vivid Sound から発売された時の仕様）

　なお、国内発売から三〇年超の歳月が経っており、今日の状況に照らし合わせ、また事実確認も含め、大幅に修正を行ったことを申し添えておきます。

　さていよいよ本アルバムの紹介に入る訳だが、その前に簡単にテックスメックスの流れを整理してみようと思う。

　テックスメックスは、アメリカ・メキシコの国境周辺で生成されていった複雑な背景を持った地域性の強い音楽である。

　19世紀後半、ヌエボレオン、モンテレーといったメキシコ北部の都市でビールの醸造が盛んになり、それとともにドイツ、チェコ、オーストリアなど東欧諸国からのビール職人たちの労働移動が起こった。彼等とともに東欧で盛んだったポルカをはじめとする様々なリズムと、それらを奏でる楽器としてアコーデイオンなどが流入して行ったのは容易に想像できる。ビールに関わる伝播・労働移動が直接のきっかけとなったかどうか、正確になことはわからないが、とにかくアメリカ・メキシコ国境沿いの地域にドイツ系、オーストリア系、チェコ系移民が少なからずいて、彼らとともに音楽や楽器も流入したのは確かであろう。

　テックスメックス音楽の研究家、Manuel Pena によれば、テキサス南部にアコーディオンがもたらされたのは、ドイツからの移民説と、ペドロ・アイヤーラのようなアコーディオン演奏者がメキシコからテキサスに移住し、アコーディオンを広めた、という二つの説があるようだ。

　一九一〇年ごろフラコ・ヒメネスの祖父パトリシオはテキサス州イーグルパスに住んでいたが、当時身近にいたドイツ人のアコーディオン奏者の演奏を見よう見まねで覚えて、一列（One Low）のアコーディオンを習得したそうである。彼から息子のサンチャゴ・ヒメネスSr.、さらには二人の息子、レオナード・フラコ・ヒメネスとサンチャゴ・ヒメネスJr.にアコーディオンの奏法が発展的に受け継がれて行った。またサンチャゴSr.が作った数々の曲も今日にまで受け継がれている。

　メキシコ北部ではこうした演奏スタイルの発展と平行して、ランチェラ（ラブ・ソング）・コリード（時事を取り上げた歌）などのカンシオンがたくさん作られた。主にメキシコ革命時代の事件やニュースを歌にしたコリードはポルカなどテンポの速い曲調が多かった。こうして、演奏や歌唱のスタイルが確立され、特色のあるコンフント・スタイルが形成されていった。

　さて国境周辺の動向からアメリカ側に目を向けてみると、テキサス南部では一九二〇-三〇年代かけて、北部資本のデッカ、ボキャリオン、オーケー、コロンビアといったレコード・レーベルが盛んに進出し、ロスアンジェルスやサンアントニオで、戦前数多くの楽曲を録音した。その中には例えば一九三〇年代、伝説的なブルースマン、ロバート・ジョンソンがサンアントニオのホテルでレコーディングした時、その前後に録音していたのがテックスメックスのアーティスト（アンドレ・ベルランガ。戦後トリオ・サン・アントニオにも参加）だったという興味深い事実もあるし、リディア・メンドーサたちの録音もこの時代だ（リディアのレコーディングの写真はロバート・ジョンソンがレコーディングしたときの状況を調べるための比較資料とされている）。それらはシンプルなスタイルでしなやかかつ力強く感じられる演奏が多いが、よく聞くとカーニバルの音楽のようだったり、ポルカ以外にもマズルカ、ウアバンコなど様々なリズムがあったり、多様性に富んでいる。

そうした状況の中でナルシソ・マルティネスのような天才が出現し、速いテンポで素晴らしいメロディを紡ぐシチュエーションは、ニューオリンズにおけるジェリー・ロール・モートンの存在を思い起こさせる。

さて第二次世界大戦が契機となってアメリカの大手レコード会社は中産階級をターゲットとしてポピュラー音楽に重点を置くようになり、レイス・レーベル、エスニック・ミュージックから撤退。その一方で地元のインディーズが台頭してきた。その中にIDEALが含まれるのは言うまでもない。この転換は象徴的で、レコードの購買者である北部のマーケットの嗜好が反映される録音から、独立レーベルのプロデューサーの、良くも悪くも地元の大衆の好みにあわせた制作への移行として捉えられると思う。

そしてそれにより雑駁性がいよいよ強くなっていく。ホーンを取り入れたオルケスタが出現したり、ボレロのリズムをアピールした演奏が聞かれたり、さらに時代が下るにつれR&B、ブルース、ロカビリーまで飲み込んでいき、この音楽が持つている雑駁性はいよいよ肥大化していく。そうした状況をよく物語っているのがこのIDEALであり、本CDはそのような時代性を理解するのには、もってこいのサンプルとなっている。

まず、リディア・メンドーサ（3、10、23、以下数字は本CDの曲の番号）は一九二〇年代より活動を続けている、19世紀的な雰囲気を持ち合わせている大歌手だが、ここではキューバ的な曲を取り上げたり、コンフントをバックにつけたりと大活躍。美空ひばりもそうだったが、大歌手はどんな曲を歌っても様になる。

彼女に続いて戦後活躍したのが、ボレロの女王チェロ・シルバ（15）、コンフント・ベルナールをバックに従えたカルメンとラウラ（6）だ。因みにカルメンはオーナーの奥さんでもある。

ナルシソ・マルティネス（2、5）は、ボタンアコーディオンの名手。恐らく一九四〇-五〇年代に出現したアコーディオン奏者で彼の影響を受けなかったものはいなかっただろう。（5）は、彼の代表的演奏と言っていいだろう。また、彼は本CDに入っているメイヤとカントゥなどの歌手たちのバックも努めている。

彼らの次の世代を代表するのが次の3組の演奏者たち。

トニー・デ・ラ・ロサ（4）はテキサスアコーディオンキングの一人。クリス・ストラクウイッツはトニーの特徴をロックステディビート&スタッカートスタイルと表現している。

もう一人の名手、ヴァレリオ・ロンゴリア（13）は、随分早い時期から、アコーディオンをサックスを絡ませたりボレロのリズムの曲を取り上げた。

コンフント・ベルーナル（1、14、17）は戦後を代表するコンフントのひとつ。今日のモダンコンフントに大きな影響を与えた。パウリーニョのクロマチックアコーディオンのハイテクニックとトリオ・ロス・パンチョス系の3ハーモニーの男性コーラスが彼らの魅力となっている。また彼らも、ナルシソ・マルティネス同様 Ideal で多くの歌手のバックを努めた。

彼らほど知名度は高くないが、いぶし銀のプレイを聞かせる人々、ロス・アレグレス・デ・テランのスタイルに似ているトリオ・サンアントニオ(9)、レドヴァの王様ホアン・ロペス（11、12）、堅実な演奏を聞かせるアガピート・ズニーカ（22）も収録されている。

次に戦後の特色であるオルケスタ（ホーンの入ったコンフント）を紹介しよう。ベトー・ビラ（7、16）は、グレン・ミラー、ベニー・グッドマンの影響を受けたサックス奏者。Idealでは、カルメンとラウラなど多くの歌手のバックやアレンジャーを努めた。彼の義理の息子がワリー・アルメンダラス（24）。彼の次にオルケスタを率いて活躍したのが、イシドーロ・ロペス(20、21)。彼の特色はオーセンティックなコンフントスタイルにうまくホーンを絡ませたアレンジにある。

最後になんといっても忘れてはならないのが、戦後最大のチカーノヒーロー、フレディ・フェンダー（18、19）だ。彼はマリファナ所持で監獄にぶち込まれ、出獄後、彼と同郷のパコ・ダベンポートが所有しているサンベニートのスタジオで仕事を手伝っていた。その縁で一九六〇年代初めころ、たくさんの録音を残した。ここではブルース・フィーリング溢れる演奏を聞かせてくれる。

こうして聞くと、様々なリズム、アコーディオンの名演、他のジャンルのスタイル・雰囲気の吸収など呆れるくらいバラエティに富んだ演奏を聞かせてくれているのが良く分かる。恐らくは当時の庶民の好みを反映した結果だろうが、この、かつての日本の歌謡曲にも通するにぎやかな雑駁性、いかがわしさこそが、戦後テックス・メックスの大きな魅力のひとつだと思う。

(55ページより)

ヴァレリオ・ロンゴリア(1924-2000):彼は一九二四年ミシシッピ州クラークスデイルに生まれ(テキサス州ケネディという説もあり)、サンアントニオの南、テキサス州ケネディで幼少期を過ごし、幼ない頃からパーティーなどでアコーディオンを弾き、昼間は畑仕事などをしていた。一九四二年16歳の時に兵役に服し一九四六年除隊。一九四七年新興レーベル、マニュエル・ランゲルのコロナで初録音。初期の録音からは、ナルシソ・マルティネス流の流れるような演奏が聴かれるが、その後ホーンを取り入れる、ボレロなどラテンのリズムを積極的に導入(本書11ページ参照)する、アコーディオンを演奏しながら歌う、コンフントにドラムを取り入れる、など戦後コンフントのスタイル確立に貢献した。コロナやイディアルなどのレーベルに録音した後、全米各地を旅し、演奏を続ける。テキサスに戻ってきたのは八〇年代で、JoeyやHaciendaでレコーディングし、また後進の指導にも尽力した。

トニー・デ・ラ・ロサ(1931-2004):アントニオ・"トニー"デ・ラ・ロサは一九三一年テキサス州サリタケネディ牧場の農場内に12人兄弟のひとりとして生まれる。6歳の時ハーモニカを、ほどなくしてギターを習い、その後、ある日台所にあるラジオから流れてきたアコーディオンを聴き、この楽器を弾こうと決めた。16歳までには通販で手に入れた二列のアコーディオンの演奏法を習得し、家族の集まりやケネディ牧場周辺のダンスホールなどで演奏した。彼が最初に影響を受けたのは、ナルシソ・マルティネス、ドン・サンチャゴ・ヒメネスだったが同時にウエスタン・スウィングやホンキートンク(居酒屋の)音楽にも刺激を受け、10代の頃にはキングスヴィル周辺の小さなクラブでカントリー音楽を演奏していた。一九四九年、18歳の時に最初のコンフントを結成し、最初ハイメ・ウルフのリオレコードと契約、しかしほどなくしてイデアルに移籍し、専属のアコーディオン奏者として活動した。その頃彼が成し遂げた革新は、ベースやバホスクストをアンプに通す、130-145bpmの伝統的な速いポルカのテンポを、110-115bpmくらいの遅いテンポにおとすことを実践した、などであり、またtacuachitoなど、新しいリズムも作り出した。1950年代以降もatotonilcoなどたくさんのヒット曲を生み出した。彼はその後も長くテキサス南部の音楽産業に深く関わり、フレディ・マルチネスのFreddieレコードではプロデューサーとして活動し、その後、晩年、リック・ガルシアのHaciendaから多くのアルバムを発表。二〇〇四年、コーパスクリスティで亡くなった。

彼ら二人にコンフント・ベルナールパウリーニョ・ベルナールを含めて第二世代(ヴァレリオを第二世代、トニーらを第三世代とする説もある。ここでは彼らを第二世代として捉えます)とすれば第三世代として、一九五〇年代後半から一九六〇年代にはフラコ・ヒメネス、スティーブ・ジョーダンたちが登場し、さらにアメリカのポピュラー音楽のテクニックを吸収し、進化していく。

あとがき

『テックスメックスのご案内』ができるまでの経緯を少し記しておきたいと思います。

Facebook のグループ、『トロピカル通信 2.0』の編集長、松原善治さんから、投稿のお誘いがあったのが二〇一八年。その時いろいろ考えた挙句思い浮かんだのがインタビューで音楽を紹介すること。幸い、友人知人にテックスメックスという音楽をめぐって冒険的な行動をとった者が少なからずいたので、彼らの想いを掬うようにして音楽の紹介ができたらと思ったわけです。

また同じころ、トロピカル通信の松原さんやメンバーの飯田さん、内田さんたちといろいろ話し合う機会があり、日本のラテン音楽の歴史も話題に登り、その時思いついたのが、日本におけるテックスメックスの受容のこと。これだったできるかも。こんなことが発端で、松原さんに了承をとり、橋本さん、オノリオさんへのインタビュー（赤坂さんは後日このブックレットのためにインタビュー）に至りました。Facebook のグループ トロピカル通信 2.0 に投稿、公開していくうちに、これは本にできそうだな、という確信が大きくなり、オノリオさん、橋本さん、そして松原さんには、メールなどでその気持ちをお伝えし、こうして完成したのがブックレット『テックスメックスのご案内』というわけです。松原さんはじめトロピカル通信関係者の方々には、この場を借りて感謝申し上げます。

このブックレットは『テックスメックスのご案内』と題していますが、音楽の紹介として欠けているものもあるかもしれません。ＣＤなどの紹介が少ない、取り上げたアーティスト・演奏者が限定的、などなど。演奏家へのインタビューに重きを置き、アルバム紹介などに紙面を回せませんでした。なおこのブックレットでは、インタビューの次に「テハーノ・ルーツ」というＣＤの紹介を通して、最低限の情報のフォローを試みました。

このブックレットでは、インタビューの対象がすべて演奏者ということもあり、音楽の送り手（演奏者など）の視点からの音楽ガイドとなっていると思います。音楽の送り手がどのように音楽に接し、何を感じ、どのような行動をとったかを垣間見ることができるかもしれません。また対談の中にはベテラン音楽ファンの方々との意見のやりとりもあり、その辺りもお楽しみいただければ幸いです。

また、これらのインタビューを読むと、一九七〇年代から現代に至る日本の洋楽ファンの嗜好の変遷がなんとなく伝わってきます。そして本文中にはテキサスのコンフントを巡る物語が「語り」として記されています。

本文をお読みいただくことによってテックスメックスへ関心をもたれるようになれば幸いです。

なお、このブックレットを編集していて、もう一つのドラマを見つけました。アコーディオン奏者ヴァレリオ・ロンゴリアの資料を調べていて、こんな言葉に出会いました。

I hope the Japanes like my music.

I would like go to Japan, even if I don't make much money

私は日本人たちに私の音楽を好きになってもらえたらと期待する。

たとえお金が稼げなくとも、日本に行ってみたいのだ。

ヴァレリオが一九九〇年に発表した"Caballo Viejo"のライナーノーツにこの言葉が出てきますが、その後開催されたコンフントフェスティバルなどで、彼はきっとこのブックレットにも登場する勝部さんやオノリオさん、それにもちろん橋本さん（一九九六年に彼に遭遇）とも出会っているものと思われます。橋本さんと出会われた時、彼はどんなことを思っていたのでしょうか。今となっては知る由もありませんが、彼の心情を察すると熱い思いが伝わって来そうな気がします。

最後になりましたがこのブックレットを作成するに当たってお世話になった方々に、改めてお礼を申し上げ、心からの敬意を評します。

まず、ここに至るまでのキッカケを作って下さった松原善治さんとトロピカル通信関係者のみなさん、飯田義文さん、中原雅嗣さん、内田美奈さん。一九八〇年代よりレコードの紹介やイベント、現地訪問など、積極的な音楽活動を続けてた『トロピカル通信』諸氏に心からの敬意を払いつつ。80年代から情熱を込めてテキサスや東ロスアンジェルスの音楽紹介に上情熱を注ぎ、テキサス州コーパスクリスティのレコード会社 Hacienda のＣＤの日本盤発売や、チカーノソウルを紹介した書籍 Chicano Soul の日本発売を実現した、Music Camp の宮田信さん。

次に日本コンフント協会を中心に長年に渡ってルイジアナやテキサスの音楽への情熱を注ぎつづけてきたヒロ(Hiroharu Imazaike) さん、かつて美味しいテックスメックス料理を提供し、コンフントJのライブを実現させ、松原さんとわたくしを引き合わせてくれたEl CaféのBenjamín Esteban Tosh Otsukaさん。

テキサスやルイジアナの音楽をレパートリーにして演奏活動を続けてきた演奏家諸氏、とくにコンフントJ、ザディコキックス、ロス・ロイヤルフレイムス、ロス・ペリキートス、Los Lejanos De Japonのみなさま。

一九七八年秋、Clanの開店に始まって二〇二一年の今日に至るまで、東京都練馬区から豊島区東長崎に至る界隈で長年に渡ってテキサスやルイジアナ、さらにはメキシコの音楽を掛けたりライブをやったりし続けてきたお店のみなさま、江古田駅前江古田倶楽部、江古田ハロー・オールド・タイマー、東長崎Creole Coffee Stand。さらに江古田界隈ではないけれど新橋のAratetsu Underground Lounge、足利のレストラン&バー、Southwest Paradise。

最後になりましたが、日本のテックスメックス受容の扉を開いた、懐かしのClan店主、亡き平野実さんに本書を捧げます。

長谷雅春

テックスメックスのご案内
A Guide to TEXMEX

2021年3月15日発行

発行所：ロックフィールド（長谷雅春(Masaharu Hase)）
表紙デザイン：吉岡　治
発売所：五絃舎（published　by　gogensya)
〒173-0025　東京都板橋区熊野町46-7-402
(kumano-cho 46-7-402 Itabashi-ku Tokyo Japan　# 173-0025)
mail：officefivestrings@gmail.com
tel：03-3957-5587
組版：officefivestrings
印刷・製本：モリモト印刷
出版コード：ISBN978-4-86434-125-7